Jaime Maristany

I0485898

COMO MOTIVAR PARA EL ÉXITO

Claves para liderar y motivar exitosamente

©Jaime Maristany 2007
© 2015 by UNITEXTO

Published by UNITEXTO

UNITEXTO
Digital Publishing

TABLA DE CONTENIDOS

CAPITULO 1: INTRODUCCIÓN

CAPITULO 2: LA EMPRESA

CAPITULO 3: TECNOLOGIA Y PERSONAS

CAPITULO 4: LA SITUACIÓN DE LAS PERSONAS

CAPITULO 5: EL PLANTEO DE NUESTRA SOCIEDAD

CAPITULO 6: LA TENDENCIA DE LA VIDA

CAPITULO 7: ¿HOMBRE o MUJER?

CAPITULO 8: LA EMPRESA DESDE EL PUNTO DE VISTA DEL HOMBRE

CAPITULO 9: LA CUESTIÓN DEL PODER

CAPITULO 10: LA MOTIVACIÓN DEL HOMBRE EN RELACIÓN DE DEPENDENCIA.

CAPITULO 11: LA MOTIVACIÓN

CAPITULO 12: EL PROYECTO MOTIVADOR

CAPITULO 13: MEJORAS PARA EL PROYECTO

CAPITULO 14: ACCIONES PARA LA MOTIVACIÓN Y PARA LA EFICACIA

CAPITULO 15: EL HOMBRE Y LA EMPRESA. UNA OPCIÓN DE VIDA

CAPITULO 16: COMO UBICARSE FRENTE A LA EMPRESA

CAPITULO 17: UN PROCESO PREVISIBLE

CONCLUSIÓN

CAPITULO 1. INTRODUCCIÓN

Los especialistas le decimos a la gente de las empresas que esta es la manera de hacer las cosas en esta década. Se supone que cada década cambia, aunque nadie sepa explicar porqué decimos que se cambia por décadas, lo que es tan poco serio como cuando se decía que eso era así para siempre. Pero sea como fuere, la cuestión es que el especialista dice, si usted quiere sobrevivir a esta ola, usted debe cambiar.

Yo me imagino entonces al lector que lee esos pensamientos, dejando el libro a un costado, entrando a su cuarto y cambiando. El hombre sale otra vez, ya distinto y sigue la lectura con una profunda sonrisa de satisfacción en sus labios.

Desde luego que no es así. Quizá el hombre va a su trabajo y hace las cosas distintas y en un mes cambia.

Tampoco. ¿Quizá el hombre va a un sicólogo, hace terapia y en seis meses cambia?

Tampoco. Los hombres podemos cambiar algunas cosas sin ayuda, podemos cambiar otras cosas con alguna ayuda de algún especialista sicológico personal y otras no las cambiaremos nunca. Y esto no debe estar en el cuadro de 'Usted cambia o fracasa, porque no es necesariamente así.

Por ejemplo, quien pasó con bravura la década de ahorro en los costos de los 50, fracasó con la nueva sicología de los 60 pero volvió a vencer con los objetivos de los 70, si consiguió burlar el NTL de la misma década, para probablemente sobrevivir con dificultad con los círculos de calidad, la excelencia o la calidad total.

Cada vez que teníamos algún problema con algún gerente, nos reuníamos con otro director para repetir la misma escena, que al final se volvió mítica: 'No tiene problemas técnicos, es bueno. Pero no ha cambiado. Hace diez (o veinte o treinta) años que tiene las mismas actitudes'. 'Él, agregaba el otro director, ha sido coherente consigo mismo. La que no lo ha sido es la empresa que ha cambiado'.

Estas actitudes que el hombre no modificó y no todas las otras que cambió durante su vida, lo hacían fracasar. Ese hombre no era igual al hombre que había entrado a la empresa, hacía 15 años. Era distinto. Pero había mantenido algunas maneras de ser, esas particulares de cada uno que todos mantenemos a lo largo de los años. Y esas eran las cosas que lo hacían fracasar, que lo ponían en crisis.

¿Cuáles son esas maneras? Son distintas en cada persona, en cada empresa y en cada época. Nadie puede decirle a nadie qué cosas debe eliminar de una manera definitiva para tener éxito en las empresas. Aun las cosas patológicas pueden ayudar. ¿O no han conocido ustedes acaso delirantes al frente de marketing u obsesivos paranoides manejando finanzas, en personal o como gerentes generales? Los aspectos de nuestra personalidad tienen que ver con ciertas actividades y no con otras y con ciertas culturas y no con otras.

De hecho cada uno de nosotros ha visto en la misma empresa como un mismo puesto era ocupado con éxito por personas muy distintas. Tenían ciertos elementos en común que les permitía desarrollar ese puesto. En definitiva la variedad de estilos a aplicar es casi infinita, sin que nadie pueda afirmar que para ese puesto se necesita esa personalidad y solamente esa.

Por otra parte, cada uno de nosotros tiene algunas cosas que son las que le gustan, otras que acepta y luego otras que no acepta. Es lo mismo que ocurre en una empresa donde hay cosas exigidas, otras permitidas y otras prohibidas.

Si los dos mapas coinciden usted tendrá éxito; si son parecidos, seguramente también lo tendrá, pero si son contradictorios y usted quiere lo que en esa cultura está prohibido, búsquese otro empleo.

Por eso creo que la labor del especialista debe ser de ayuda y no de imposición. Hablando de este tema con una persona le decía que creo que el especialista debe avisar a su cliente que hay un río delante. Que esto significa hacer dos bases fuertes en cada orilla y un puente que las una. El cliente está de acuerdo, hace las bases, pone el puente y todos cruzan. Más adelante se encuentran con otro río y esta vez el especialista le dice que el ancho del río y las características de las cabeceras en cada orilla hace necesario cruzarlo en helicóptero.

El cliente quiere intentar el puente. Puede ser que tenga éxito o que fracase. En este segundo caso, o antes, puede reconocer que aunque hay que tomar el helicóptero, él no puede volar en helicóptero. El especialista puede conversar la posibilidad de hacerlo, pero si esto no funciona, entonces debe ayudar a su cliente a prevenir los problemas de ese lado del río.

Porque esto es hasta dónde esa persona puede llegar. Y es responsabilidad de nosotros, los consultores, poder advertir hasta dónde puede llegar la gente, las posibles consecuencias de las decisiones que tomen y ayudar luego a que esa persona pueda tener éxito hasta las posibilidades que tiene.

Es muy fácil requerir la perfección del otro. Es muy fácil profetizar. Lo más difícil es vivir.

Por eso he podido comprobar que las fórmulas no sirven. Desde la escuela de relaciones humanas del 30 y el TWI del 45, hasta la excelencia y la calidad total (ahora habría ya que decir el empowerment), han habido casi veinte modas diferentes. Algunas beneficiosas, otras perjudiciales, todas relativas.

Todas con el mismo defecto que el médico que a todos sus enfermos les da Amoxidal 500, uña encarnada por medio o resfrío. Por eso las fórmulas no sirven, porque cada técnica podrá o no ser útil, pero solamente después de determinar de qué se trata cada caso.

Hoy no se objeta que en este mundo que nos ha tocado vivir no es posible aplicar criterios universales. Cada manager debe estudiar su propia organización porque el mundo se caracteriza por un perpetuo cambio, por permanentes novedades que impulsan el modelo hacia lo que el Instituto de Santa Fe (Nueva Méjico) desarrolla: las pequeñas partes de la naturaleza son por sí mismas, actúan independientemente del resto, pero contribuyendo al conjunto.

Así el manager de este tiempo lleno de complejidad y cambio, tiene que poder actuar independientemente, desarrollando sus propios actos y tendencias, pero como parte del conjunto del que es parte. Así es él quien debe buscar lo que mejor se adapte a su situación particular, teniendo la valentía de dejar de lado los Amoxidal 500, es decir las modas sucesivas que lo empujan pero a las que también usa de protección muchas veces. Hay que tomar los caminos propios, útiles al sector, poniendo en práctica lo que resulta útil para él y ésta es una tarea esencial del manager.

CAPITULO 2. LA EMPRESA

Una empresa es ante todo, una organización, como lo son la iglesia, las fuerzas armadas, un hospital o un club deportivo y las reglas generales o las características básicas son las mismas para todas ellas. Todas están dirigidas por personas, que forman una estructura de poder que actúa sobre otras personas y sobre las cosas y consiguen así éxitos y fracasos.

Estas maneras de actuar de los dirigentes se los ha dado en llamar management, una forma anglosajona que es más amplia que el castellano dirigir y que describe los contenidos de las acciones de los que mandan en una organización.

Pero la empresa es una organización creada con fines comerciales y en este sentido se distingue básicamente de las fuerzas armadas, de la iglesia, de una fundación o un club, así como de las otras organizaciones que existen en la sociedad.

Esta definición básica de la empresa ha dado pie a largas discusiones y a muchos tomos, cuando se considera cuál es el objetivo de la empresa y cuál es su responsabilidad como parte de la sociedad en la que actúa. En definitiva la empresa no existe en el medio del desierto, sino que es parte de una sociedad y como cualquier otro miembro de esa sociedad debe, por de pronto, cumplir con la ley y luego, como todos, tiene que cumplir con otras cosas y es en este punto donde no siempre ha habido acuerdo, entre los que le adjudicaron graves responsabilidades sociales, hasta los que no le exigen ninguna.

Una empresa, es evidente, tiene que cumplir con su objetivo, que es para el que ha sido creada. Ese objetivo es ganar dinero y esto ya no se discute en estos tiempos, aunque se discutió hasta hace algunos años. Pero hay muchas maneras de ganar dinero y a partir de ese punto los desacuerdos pueden aumentar, aunque se parta del acuerdo de que la ganancia debe ser hecha dentro de la ley.

Esta ganancia puede ser explotativa o enriquecedora y si bien se dice que no debe de haber ganancia que no signifique aumento de riqueza, no siempre es fácil determinar si la empresa está verdaderamente creando riqueza o está simplemente aprovechando las circunstancias económicas para explotar las personas, el entorno o ambos.

Es decir que si no hay un proceso de transformación a través de un producto o servicio que mejore la situación anterior, logrando una ventaja respecto de esa situación, la empresa no podrá lograr su objetivo. Esta creación de riqueza la hará a través de un servicio o producto que sea útil a la sociedad. Esto es claro en una situación de competencia. En un mercado competitivo, sólo quien haga la mejor oferta al cliente obtendrá su favor y por lo tanto venderá. Esta mejor oferta supone una mejora mayor respecto de la situación anterior, a través de ese servicio o producto que le sea útil a otro.

Pero puede ocurrir que no haya competencia, porque hay contratos de monopolio que no son adecuadamente controlados, como suele ocurrir. Entonces puede ser que la empresa no mejore la situación anterior, no cree riqueza.

Aquí estamos ante un hecho de explotación. Alguien está pagando por esta explotación. En el mundo actual, quien paga es, en general, el conjunto. Es decir que la empresa que logra este contrato no deja de pagar a sus empleados, no los esclaviza (salvo casos muy marginales). Pero cobra un dinero que no es una suma comparativa a la riqueza que aporta a la sociedad. Esto quiere decir que alguien está perdiendo este dinero. Y este alguien es la sociedad entera vía impuestos. En última instancia quien paga a la empresa que explota, es el Tesoro de la Nación, al haberse creado un monopolio que no produce una riqueza relativa al precio que cobra.

Esta situación de monopolio explotativo está dejando de existir, lentamente, pero con seguridad, en todas partes del mundo. Y es de esperar que así continúe, porque la competencia adecuadamente regulada como toda actividad social debe serlo, es la mejor manera de asegurarse el crecimiento efectivo de la riqueza.

Así pues, la empresa deberá crear riqueza y lo hará a través de ofrecer un producto o servicio que sea útil a la sociedad. Si no estará inmerso en una situación no ética que seguramente hará que en algún momento esté sujeta a la reacción de la sociedad contra ella.

Además a la empresa le conviene proveer a su continuidad y lograr que la sociedad entienda que va a continuar. Porque en esa circunstancia, toda la situación es diferente. Ante un cliente o proveedor que está de paso, mis precios y condiciones serán mucho más altos; ante un cliente o proveedor que creo que se queda, tiendo a establecer una relación que sacrifique algunos aspectos de precio o condición, para lograr continuidad en un servicio efectivo. La ventaja de lograr continuidad es obvia. Por otra parte una empresa del momento no es una empresa sino un spot-business.

Otro aspecto a considerar es la responsabilidad que tiene la empresa por desarrollar a su personal. Esto debe hacerlo para mantener una adecuada reserva de potencial y para lograr mantenerse en la cresta de las mejoras tecnológicas de todo tipo. Como dijo un hombre de personal frente a la Dirección obcecada: si cree que la capacitación no sirve pruebe con la ignorancia. Me parece una definición excelente.

O sea que estamos planteando la empresa como una organización que debe ganar dinero a través de dar un servicio/producto útil crear riqueza tener continuidad desarrollar a su personal

Esta empresa como parte de la sociedad en la que está, deberá atender la situación que la rodea, como cualquier vecino. Esto supone la ayuda a la escuela cercana, a la policía o a los bomberos, en la misma cierta medida que cualquier buen vecino hace.

En una segunda instancia podrá ampliar su efecto sobre la sociedad, cuando su situación sea suficientemente buena en el logro de los objetivos mencionados antes y sin que esto suponga la tan mencionada devolución a la sociedad, ni la llamada responsabilidad social de la empresa, ni suponga la creación de un halo que llegue a privilegiar lo social a lo empresario.

A lo largo de mi carrera he podido ver en demasiadas ocasiones empresas que mantenían una imagen social gastando dineros importantes para ello, al tiempo que vivían de un contrato de monopolio, al tiempo que maltrataban a su personal con arbitrariedades aún perversas, al tiempo que contaminaban el medio ambiente. Por esto soy tan cuidadoso al entrar en este capítulo.

Una empresa que trabaje en lo social es muy encomiable, solamente después que no contamine, después que compita abiertamente, después que tenga un buen producto/servicio, después que cree riqueza, después que desarrolle a su personal, lo que implica necesariamente un trato cuanto menos, equitativo. La empresa que no haga esto hoy en día corre el riesgo de perder la careta de la imagen que se le ha pretendido crear quedando a la vista el verdadero rostro, logrando una reacción social más contradictoria, ya que en vez de estar en la sombra pretendió convencer de sus excelsas bondades al público que luego advierte que no sólo no era así, sino que era peor.

Gracias a los medios de comunicación, verdaderos auditores sociales de nuestra época, quien desee hacerse una imagen en la sociedad de nuestros días debe comenzar por lograr un buen equilibrio interno, si no quiere recibir una cachetada peor que la sonrisa que esperaba.

Esta empresa que descubrimos no es la misma de aquella de principio de siglo, pero básicamente los temas para quienes la dirigen son los mismos.

En realidad los elementos básicos de management los ha definido hace ochenta años., Fayol. Después de él cada autor que trató el tema, se sintió obligado a reclasificarlo, a poner nuevos elementos, a imaginar que los tiempos habían cambiado hasta exigir una nueva clasificación. Y sin embargo los cuatro elementos del management han sobrevivido a las modas, haciendo notar así, que no eran moda.

Planificar, organizar, liderar y controlar, fueron los cuatro capítulos que planteó Fayol. Estas son las tareas del manager. Y éstas que fueron en su momento las tareas del manager, siguen siendo sus tareas hoy día. Desde luego que los contenidos han variado, desde luego que las prioridades pueden haber cambiado, pero esto se debe a las modificaciones tecnológicas que han ocurrido desde principios de siglo y se deben también a los cambios sociales ocurridos. A pesar de todo, los capítulos de Fayol han resistido el tiempo y sigue teniendo validez una aproximación analítica en este sentido.

El primero de los elementos que ha cambiado es la velocidad de los acontecimientos. Esto prioriza alguna de las tareas respecto de las otras. De hecho si vamos en un automóvil a 30 kilómetros por hora nos permitiremos hablar con quienes están ubicados en el asiento trasero, hacer chistes, contar cuentos. Si vamos en cambio en un coche de fórmula uno a 300 kilómetros por hora nuestra atención estará absolutamente en la pista. Porque cada desviación a esa velocidad será gravísima, quizá mortal. En cambio a 30 kilómetros por hora cualquier desviación se corrige fácilmente y si hubiera algún daño sería mínimo.

Esta es la diferencia entre hoy y hace diez años. No estamos hablando de cincuenta años atrás, sino solamente de diez años, porque en estos han estallado los satélites, y las PC nos han traído una manera nueva de trabajar y de comunicarnos. Y así, al impulso de estos artefactos, nuestra vida ha cambiado, ha adquirido esta velocidad que es nueva y que hay que aprender a manejar.

En la empresa esto se refleja a cada momento. Las desviaciones del camino son mucho más abruptas y graves que antes. Por esto, planificar se ha convertido en el vértice fundamental de la empresa de hoy y es por lo tanto, la función básica y primera del manager.

La empresa de hoy y del futuro se apoya en primera instancia en la necesidad de tener claro adónde va.

Hasta hace poco, cualquier desviación menor podía ser modificada con facilidad y aún las desviaciones mayores podían ser corregidas con algún costo. Hoy en día la situación es mucho más grave y va a ser más grave todavía. La velocidad hace que las desviaciones del objetivo supuesto nos separen mucho más del camino de lo que queríamos lograr y nos lleve también más rápidamente a otros terrenos que, cuanto más desconocidos más difíciles serán de manejar, cuando no sean causa de nuestra quiebra. Este es el tema fundamental y quisiera trasmitir la vivencia que esto conlleva.

Cuando se hablaba de ganar mercado o ganar dinero era una discusión que a veces duraba por meses en las reuniones de una empresa. El mercado aguantaba esa discusión, no ejercía demasiada violencia. Cuando por fin se decidía la campaña que había que hacer, la política que se iba a seguir, el mercado se había movido muy poco, habían pasado pocas cosas y nuestra acción era perfectamente factible. Se argumentaba en ese tiempo que si se hubiera tomado acción unos meses antes los beneficios hubieran sido superiores o que no se hubiera sufrido tal perjuicio. Pero ambos eran perfectamente digeribles por la organización y por el mercado.

Hoy no ocurre igual. En seis meses el mercado es otro. En tres meses los competidores ya han tomado la delantera y las acciones que concreten, con el impulso enorme de los medios de comunicación, nos habrán pegado fuertemente.

Si, por el contrario, tomamos una decisión apurada y nos ponemos a ganar mercado, podemos encontrarnos con que lo hacemos en el lugar equivocado o que era el momento de ganar dinero.

Y además de tener menos tiempo, se requiere mucho más que antes una buena coordinación. Imaginémonos otra vez la antigua forma de organización, donde el supervisor estaba junto al supervisado.

Cualquier error que fuera a cometer el supervisado podía solucionarse rápidamente. El daño solía ser menor y la solución inmediata. Imaginémonos ahora una organización de pocas personas con mucha libertad de acción y poco contacto supervisor-supervisado. Cualquier error del supervisado se advertirá mucho después, la acción que él haya tomado está ya en funcionamiento y produciendo sus propios efectos y hay efectos de esa acción que están requiriendo a la empresa nuevos elementos, en producto, en dinero o en personas. La solución está lejos, hay mucho que corregir y que arreglar para volver hacia adonde queríamos ir o a la posición en que queríamos estar.

Esta es una cuestión fundamental y aceptar o no este escenario significa la diferencia entre tomar todo un modelo o dejarlo. No estamos aquí hablando acerca de pagar un nivel de sueldo o desarrollar proveedores. Esos son temas importantes. En cambio definir la necesidad de tener objetivos claros, es fundamental.

Porque si mantenemos el tipo de organización tradicional, el objetivo es importante y seguiremos a la menor velocidad del pasado con las consecuencias que esto nos pueda traer, que será seguramente la salida del mercado frente a competidores nacionales o extranjeros que son más ágiles. Pero si cambiamos la agilidad organizacional hacia el modelo que estamos delineando, no tener objetivos claros y conocidos nos llevará a mayores desórdenes y seguramente a corregir nuestra actitud rápidamente o a quebrar.

Es obvia en los mejores managers actuales, su fuerza en la fijación de objetivos, que les permite organizarse y organizar a su gente, dando más delegación y logrando que más gente esté trabajando en los objetivos.

La situación de la empresa en este momento es ya distinta al pasado próximo, pero tiende a serlo mucho más y a finales de siglo la situación será muy diferente. Los años que vivimos nos plantean un escenario que no es igual en los países más desarrollados. Así cuando hablamos que se acentúa la importancia del conocimiento, debemos distinguir el nivel del conocimiento de un país   desarrollado con el de un país no desarrollado. En ambos se da el hecho de que hoy el hombre debe tener mucho más conocimientos que los que se le exigían para puestos similares hace diez años atrás. Y ésto, que es común a ambas sociedades, significa en las dos cosas comunes y cosas distintas. Las mismas palabras no suelen encerrar los mismos hechos. Esta diferencia de educación será esencial para el futuro.

También serán distintas las condiciones de competencia ya que cada sociedad la plantea con su propio estilo y particularidades. Sin embargo la competencia hace que se compita en el mercado con los productos y servicios, pero se compita también en el mercado por las habilidades y conocimientos de las personas. La competencia por los conocimientos de las personas no implica solamente tener empleados con mejores conocimientos que los de la competencia, sino que significa tener empleados que sepan desarrollarse en lo futuro, ya que, de lo contrario, volveremos a perder frente a aquellas empresas con las que competimos.

La necesidad y la posibilidad de contar con personas de mayor conocimiento hace que se deban conformar para ellas puestos más amplios. El antiguo puesto de una línea de montaje debe ser modificado para que podamos aprovechar mejor los conocimientos que están disponibles. Y la existencia de puestos más amplios, hace que los candidatos a ocuparlos se preocupen por prepararse mejor que lo que debían hacerlo antes.

Este mismo fenómeno significa que las personas no son del estilo de aquellas que aceptaban tener el aliento del supervisor en la nuca. El viejo supervisor que estaba sobre el trabajador, supervisando diez personas o menos, no puede existir en este esquema. Mucho menos si consideramos el fenómeno a nivel administrativo o gerencial. Los supervisores de fábrica que supervisen 30 ó 40 personas serán comunes y comenzarán a aparecer algunos sectores que podrán llegar a manejarse sin supervisión.

El tipo de reporte será diferente y los niveles de responsabilidad delegada, mucho mayores. Estos son procesos que han empezado en algunas empresas y que están adelantados, mientras otras no han modificado nada. En libre competencia, éstas últimas deberán perder.

Esto es así, porque esta empresa de pocos empleados tiene evidentemente menos niveles, lo que supone una posibilidad de reacción mucho mayor que la de aquella otra que mantiene la misma cantidad de niveles. El ejemplo de Carbide con 8 niveles en la fábrica al comienzo del proceso de cambio, o con 3 niveles cuando se cerró ese proceso, demuestra con claridad la diferencia de reacción que tenían aquella fábrica y ésta otra. Para tener tres niveles en vez de ocho hay que contar con gente más capacitada, pero además es gente que se comunica más rápidamente más veces, lo que le da mayor posibilidad de reacción y por lo tanto de mejora frente al entorno.

Y esto todavía en una línea de fabricación tayloriana. Mucho mayor es el impacto cuando se rompe la línea de montaje fabril o administrativa. A esto se agregan además los sistemas de comunicación que hoy tenemos a nuestra disposición, los que, unidos a la computadora, significan una velocidad de comunicación y de acción enormes.

Por eso también en esa empresa con personal de mayor conocimiento, los problemas no se podrán tratar masivamente. Esta condición de masividad que suponía la tecnología anterior se modifica cuando la tecnología es otra. La empresa de hoy ya siente menos el poder del sindicato y esto va a continuar en la misma tendencia. Las personas que antes buscaban el sindicato hoy prefieren manejarse fuera de estructuras que sienten opresivas para su desarrollo. A nivel operario ocurrirá lo mismo, aunque en algunos países hay formas de presión para que las personas no puedan dejar la cobertura sindical.

Y sin embargo el futuro de una tendencia sin sindicatos no está asegurado sino que por el contrario deberá ser objeto de observación. La nueva situación está ya dando señales equivocadas por parte de empresarios y gerentes que toman ventaja de la falta de comisión interna para cometer actos realmente arbitrarios e injustos.

Esto, una vez que pase la etapa de instalación del sistema, va a traer como consecuencia que se refuercen nuevamente los sindicatos y esta vez no se podrá alegar ese tipo de argumento tan usado de que 'es un zurdo'. No hay más 'zurdos' y por lo tanto sólo la falta de trato equitativo será el responsable de un resurgimiento sindical donde la gente busque reparo a la arbitrariedad. Y éste va a ser un tema interesante para observar, porque será un termómetro de la situación, que nos puede volver, en unos años, a escenarios que podíamos pensar superados.

En éste y otros temas quizá nos encontremos dentro de unos años revolviendo en los archivos soluciones para problemas que se creían superados, pero que la rapidez de las evoluciones hace que se excedan las situaciones y haya que volver sobre temas que deben corregirse.

En esta evolución la capacitación que las personas requieren no es ya masiva, sino que las necesidades de cada una deberán ser tenidas mucho más en cuenta. El desarrollo de cada persona es un fenómeno diferente que no tiene doble. Las comunicaciones deberán ayudarnos para poder abrir los canales de información necesarios para que la capacitación de cada persona sea según sus necesidades y no según lo que alguien cree que debe ser. Los acuerdos en este sentido deberán ser cada vez más explícitos.

Quiero hacer notar, además, que si los tiempos son a veces en futuro, lo son pensando en la tendencia creciente de este cambio. Pero aquellas empresas que están trabajando en estos campos, saben ya que muchas de estas cosas les están ocurriendo.

Imaginémonos pues una empresa con poca gente, de altos conocimientos individuales, en una estructura pequeña, con sistemas de comunicaciones múltiples. La velocidad de respuesta de los negocios será creciente. Pero las comunicaciones internas serán también rápidas para que pueda haber velocidad hacia el exterior y para que estas personas puedan hacer sus puestos. Además habrá que interpretar las noticias del exterior.

Son muchas: nos vuelcan por día cientos de noticias todas dadas en el mismo tono y como de la misma importancia. Hay que tener un buen entrenamiento para saber echar de lado la paja y quedamos con el trigo, clasificarlo, ponerlo en orden para nuestros escenarios y nuestros análisis.

Los puestos de la empresa hoy están intercomunicados como nunca y se necesitan más unos a otros. Habrá que abrir estos canales de información y habrá que entrenar a la gente en la respuesta rápida. Y habrá que entrenarla también para no tener más 'quintitas' propias. Esto significa que hay que conocer el negocio del otro.

 No saber sobre su tema es no entender porqué dice las cosas y ésto es tanto como quedar aislado. Los negocios de esta década necesitan gente que a los distintos niveles sepan qué le pasa al otro, porqué hace las cosas y qué problemas tiene. De lo contrario, no entiende y pierde el tiempo sospechando que el otro no lo quiere ayudar, que lo quiere embromar, que lo odia. Pierde tiempo y hace perder tiempo a toda la organización hasta que se aclara el problema que nunca debió de existir. Entonces comienza a ser visto como una rémora, como alguien que no hace aportes.

Por todo ésto, debemos tomar el reto que la tecnología y el mundo nos pone por delante, modificando las actitudes del sistema tayloriano, de la línea de montaje ordenada y en paz, y cambiar a esa nueva organización ágil y rápida, eficaz y creativa, lo que no significa que sea desordenada, que nos exige necesariamente el mundo del futuro que es el mundo de hoy.

 Este mundo tiene además una característica que conviene anotar: la revalorización de la ética. Esta revalorización puede enfocarse desde un punto de vista exclusivamente moral o puede concluirse como un efecto de la velocidad de los negocios. Es decir, en el pasado había más tiempo para conversar sobre porqué las cosas no eran como se había dicho. Hoy no hay tiempo. Si el embarque no tiene el producto en calidad y cantidad, no hay tiempo para discutir. Se anula, se toma como último, se hace juicio, pero no se hacen largas discusiones; si el precio no es el que se había dicho, si la publicidad no especifica lo que realmente el producto es, si el contrato no se respeta, no se es tan contemporizador como en el pasado y esto es algo que se advierte más claramente por quienes exportan. En la medida en que la competencia se mantenga y sea trasparente, mantendrá esta necesidad ética que los mercados cerrados resienten.

La ética a su vez ayuda a hacer más trasparentes los negocios, lo cual no es gratuito. En el sistema de negocios cerrados los costos ocultos son la mayoría. Por fin no se sabe si se pierde dinero o se gana con cada decisión. La inflación es otro elemento que cierra el camino a calcular nuestros costos, no sólo desde el punto de vista técnico, sino también ético y de los precios. La inestabilidad que produce la inflación es uno de los elementos que más dificulta una buena administración de costos y por ende de precios.

Un mercado abierto, en una economía que necesariamente se estabiliza, produce el efecto de una necesaria administración más precisa y más trasparente.

La ética se refuerza también en esta organización que requiere personas más capaces que exigen más comunicación. Esta comunicación significa trasparencia, claridad en cuáles son las condiciones y las expectativas. Y esto supone mantener la palabra dada. Pacta sunt servanda. Esto es un refuerzo de la ética hacia adentro de la organización que significa una mejora hacia afuera también, porque la fama de buena empleadora no hace tan solo que los mejores quieran estar en esa empresa, sino que refuerza el respeto por hacer negocios en una empresa seria.

CAPITULO 3. TECNOLOGIA Y PERSONAS

En este escenario tan particular que se ha establecido en los últimos años, se ha señalado que las tareas básicas del management se mantienen como las clasificó Fayol, aunque sus contenidos hayan variado. La mayor velocidad, se ha dicho ya, hace que la planificación que se piense implica una forma de organización y una tarea de organización específica, es decir que se adapte a los planes que han analizado y a sus estrategias. Igualmente ocurre con el control gerencial, forma de actuar que será diferente según el tipo de empresa que se haya pensado y según la velocidad y libertad de acción que se hayan definido.

Así pues, la empresa que se planifica arrastra ineludiblemente la tarea de organización y de control. Pero esa planificación está basada en dos áreas que la conforman y le dan movimiento. Por un lado la tecnología, por el otro las personas. La tecnología se compra, las personas se motivan, y ésta es una diferencia sustancial.

En la actualidad, la tecnología necesaria para la mayor parte de las empresas está a la venta. Cuál sea, es una definición que habrá que hacer en cada caso, según lo que resulte más conveniente para la relación producto/costo. Pero existe una tecnología en cantidad.

Hay otra tecnología que es la nueva, la de punta, que se logra entre las paredes de R&D. En esos sectores de desarrollo e investigación hay hombres que son nuevamente los que definen el nuevo producto, la nueva tecnología.

Estos hombres, como los demás miembros de la empresa, no se compran sino que se motivan. Cuando tenemos el motor que hemos comprado o alquilado, el motor funcionará de acuerdo con sus especificaciones técnicas y si tiene algún inconveniente será arreglado seguramente sin mayores problemas.

Cuando contra• tamos a un portero, sabemos que tiene cierto aspecto y cierto pasado, ciertas eventuales recomendaciones y que ha pasado las pruebas que la empresa hace para la selección de sus empleados. No sabemos más. Sólo podremos sacar conclusiones más efectivas cuando lo veamos trabajando. Y cuando así sea, cada uno tendrá una opinión diferente y él actuará de una manera diferente con cada persona.

El portero se siente motivado a tratar distintamente a unos y a otros y cada uno reacciona de una manera desigual, lo que produce nuevas acciones y reacciones. Las personas no pueden ser compradas, solamente pueden alquilar su tiempo y, durante ese tiempo, pueden hacer las cosas mejor o peor según la motivación que tengan para ello.

Por otra parte, algunas de esas personas de la empresa son las mismas que planifican. En algunos temas planifican para sí, en otros para los demás. Estas mismas personas se sienten luego entusiasmadas por lo que planificaron o sorprendidas por las diferencias que se les producen a lo largo del tiempo. Esto las motiva o las bloquea. Ellas son las que definen cómo elaboran esos planes, cómo los presentan a los demás o si los elaboran con los demás, cuál es la idea básica, cuál la forma de entusiasmar a los demás o no, tras esos planes.

Es decir que siendo la planificación la tarea por excelencia de las que tiene hoy en día el management, por ello arrastra consigo a la organización y al control gerencial y se basa para poder concretarse en la tecnología y en las personas. La tecnología se compra, las personas se motivan y el liderazgo entonces, la cuarta tarea del management, se concreta y alcanza sus mejores resultados en la motivación, que tiene la curiosa calidad de influenciar a su vez a la planificación y, en algunos casos personales, inclusive darle la tónica de optimismo, acción, pesimismo, bloqueo o incertidumbre que tenga quien planifica.

Ahora, en el escenario que hemos descripto anteriormente, con menos personas en la organización y menos niveles jerárquicos, con puestos más amplios, la motivación se ha vuelto más importante, porque cada persona hará una diferencia cada día, según que esté entusiasmada y convencida o según que esté simplemente estática, indolente.

Una pregunta menos, un tono más duro, serán suficientes para alejar un cliente, para molestar al proveedor, para crear un conflicto. Esta diferencia con el tipo de empresa tayloriana, donde las máquinas eran las que dominaban la situación, donde los trabajos eran pedazos irreconocibles de la tarea conjunta, es una diferencia crucial y es fundamental reconocerla para estar en condiciones de analizar los problemas de la empresa, para adentrarse en los problemas de motivación y de planificación con la mente lo más abierta posible.

Ya he señalado que no participo de los dichos habituales de los especialistas que plantean que se debe aplicar su idea o la empresa desaparecerá. No es así, la vida es más elástica que esos especialistas. Ya he señalado asimismo que cada vez es más claro que cada empresa es una unidad diferente y que son quienes la consideran los que deben decidir los pasos a tomar: no hay fórmulas, Japón se ha terminado como la última moda que nos ha invadido.

Pero en la medida en que la tarea de análisis se haga, en la medida en que sea acertada y en la medida en que se aplique mejor, así también serán los resultados mejores para la empresa. Si están mal hechos pueda ser que la empresa quiebre, si no tanto, que pierda terreno o se vaya diluyendo. También puede ocurrir que creyendo hacerlo bien por el solo hecho de aplicar la moda que se usa en ese momento, se haga un daño mayor.

No toda moda es buena, ni toda nueva técnica es aplicable a cada empresa. Como no me canso de repetir el Amoxidal 500 es bueno para algunos casos, no para todos. Cada remedio debe ser aplicado dónde y cómo corresponde y esta lógica básica que ha descubierto la medicina hace siglos, está ahora comenzando a ser aceptada, como en una realización postmoderna, al advertir la inutilidad de las sucesivas modas y al anotar que en la naturaleza esta es la forma en que ocurren las cosas, es decir que cada parte es independiente, pero es parte y así se conforman los conjuntos y así se conforman los sistemas y así ocurren los procesos.

Por esto, al considerar si debía tratar el tema de la planificación o el de la motivación, he dudado mucho. El hombre se adecúa al plan, pero también el hombre es el que lo hace el que lo implementa mal o el que lo perfecciona. En esta duda he optado por tratar el problema de la motivación porque hoy es más claro para todos cómo hacer planes (aunque no siempre lo hagamos bien), y en cambio es mucho más discutido, complejo y poco reconocido, el tema de la motivación.

CAPITULO 4. LA SITUACIÓN DE LAS PERSONAS

Vamos pues a tratar el tema de la motivación y sin embargo antes de tratar el tema de la motivación según los parámetros típicos es importante que tratemos de describir la situación en que está la persona hoy, en la sociedad de fin de siglo, porque se suele mirar la situación desde y en la empresa, como si la persona fuera un automatismo que contesta a ciertos impulsos* aisladamente, sin que su situación en la empresa sea influenciada de ninguna manera por su situación social o vital. La idea de que la motivación es una cuestión interna de la empresa y de la persona en el que la sociedad no tiene papel ninguno que jugar, es falso. El empleado viene de la sociedad y trae consigo todo lo que en sociedad le ocurre a él, en su familia, con sus amigos, en fin, en todas sus áreas de actividad.

La situación de la persona a lo largo del siglo XX ha cambiado radicalmente, como en pocos siglos ocurrió en el pasado, porque el mayor cambio es un cambio tecnológico, que ha sido la explosión de nuestro siglo y que establece mayores similitudes entre el siglo X y el siglo II de nuestra era que entre el XVIII y el XX en lo que se refiere a la vida de sus habitantes.

Por de pronto, el hombre del siglo XX vive mayoritariamente en ciudades y éste es el hombre con que nos encontramos en la empresa, el hombre de la ciudad enorme. Más de doscientos mil habitantes ha sido una cifra excepcional de habitantes en el pasado y hoy es pequeña. Quedan todavía muchos pueblos pequeños aunque son cada vez menos y cada vez más son alcanzados por ciudades que los absorben.

Pero además sus habitantes toman cada vez más hábitos citadinos que quizá no les corresponden pero que los condicionan y ésto es mayor aún cuando hablamos del trabajo de personas en una empresa porque entonces esas personas están en contacto con otras empresas de ciudades grandes que las condicionan más aún, que les exigen cierta velocidad que no es la habitual en el pueblo, o no la sería. Por último, la mayoría de las empresas están en ciudades grandes más que en pueblos pequeños, aunque hayan habido tendencias a la huida.

Así pues, el hombre de hoy es en gran medida un hombre de ciudad y en lo que se refiere a las empresas los empleados de las empresas son mayoritariamente hombres de ciudad, ya que en ellas se alojan en general las empresas. Y el hecho de vivir en la ciudad, produce ciertos efectos en esas personas, que tienen a su vez su impacto en la empresa y que son efectos que no debemos olvidar ni desvalorizar, si queremos entender qué pasa con ese hombre que llega a nuestro edificio.

Ante todo este hombre vive en lugares donde hay mucha gente. Más notorio en algunos países, menos en otros, se produce este efecto que podemos llamar de 'juntedad', es decir este efecto de estar todos más juntos que lo que estábamos hace doscientos años o que lo que está hoy el hombre del campo.

El primer efecto de la 'juntedad' es la inmediatez. Esta inmediatez que hace que a cada momento esté dando y recibiendo con otros seres humanos. Una inmediatez tan diferente de aquella vida en el campo o en el pequeño burgo que hacía que mis contactos con los miembros de la humanidad ajenos a mi familia inmediata, fueran aislados, casi excepcionales. Hoy cada día, directamente o a través de los aparatos, estamos permanentemente recibiendo y dando incitaciones, lo que nos coloca en una situación vital mucho más dinámica y activa. Al mismo tiempo es menos serena y apta para la meditación.

En esta situación de inmediatez tenemos que tener respuestas para las incitaciones que recibimos, lo cual nos obliga a prevenir respuestas y también a reaccionar a una velocidad que era impensable hace cien años. Hoy las personas están más nerviosas porque tienen que actuar siempre más rápidamente, para tomar el colectivo o para contestar por teléfono.

Esta velocidad en la acción significa para el hombre una situación diferente a la que se le planteó durante toda su historia. El hombre en el campo en la pequeña ciudad vivía una vida tranquila, efecto de ese natural estar al ritmo de la naturaleza que hemos señalado.

El hombre de hoy está en una situación de tensión que le ha sido ajena y que trata de solucionar con cursos de relajación y con tratamientos y píldoras 'ad hoc', pero que hace que su vida cotidiana tenga otro tenor y otra calidad que la que le ha sido habitual. Quizá en alguna época futura el natural del hombre será este estado de excitación en que vive hoy. Pero por el momento y sin duda por generaciones, el hombre estará viviendo por encima de su estado de tensión natural.

Por otra parte, la juntedad nos acerca a nuevos estímulos que no teníamos antes. Estos estímulos tienen que ver con la inmensa cantidad de información que hoy disponemos sobre otros pueblos, otros lugares, sobre situaciones que ocurren en países y en temas distantes pero cercanos al mismo tiempo, sobre pintura, sobre cine, sobre cultura en general, y que nos impone un nivel de ruidos desconocidos hasta ahora, un nivel de polución que no se imaginaba, un nivel de violencia que no era pensable hace cien años, todo lo cual coloca al hombre cotidiano en una situación de prevención, de estado de alerta muy distinto que aquel otro estado que tenía cuando caminaba por el burgo o por su campo.(temas éstos sobre los que volveremos más adelante).

Esta excitación vital que produce la 'juntedad' se agudiza por las máquinas. Hoy el hombre se relaciona con mecanismos. Nuestra mente está llena de recordatorios de las palancas y de los botones que hay que apretar y estos botones y palancas nos devuelven, no sin cierta magia racionalizada, movimientos, imágenes, sonidos. Es una relación máquina-naturaleza, que cambia la relación naturaleza-naturaleza, que ocurrió hasta hace pocas décadas. No nos olvidemos que el hombre es uno de los componentes de la naturaleza y que su relación con un animal o con una planta es una relación basada en el mismo ácido ribonucleico, es decir es una relación 'natural'. La relación con la máquina es en cambio una relación no-natural, es decir una relación que implica un aprendizaje distinto que excede la pura información y supone, en cambio, una relación diferente que hay que retraducir, forzando lo 'natural', es decir lo que es parte de la naturaleza.

Todos los mecanismos actuales producen de esta manera una relación de velocidades diferentes, como una de las consecuencias de esta relación máquina-naturaleza. Porque cuando el hombre se pone en contacto con la naturaleza se encuentra con tiempos similares a los suyos. Tanto en las funciones naturales básicas, cuanto en los tiempos de la luz y la noche o en cada uno de los ritmos de la naturaleza, el hombre se encuentra con ritmos similares a su propio ser. Los minutos que necesitamos para comer o para cualquiera de nuestros actos básicos son similares a los de los animales; los tiempos de los productos en la Tierra son por meses; el ritmo del caballo nos remite a nuestras propias pulsaciones y nos permite ver el paisaje. La máquina en cambio es definitivamente más veloz.

El auto no va a menos de 30 kilómetros por hora, el avión vuela a mil, las noticias a la velocidad de información inmediata de los satélites. La cantidad de palabras que puedo escribir en esta máquina es enormemente superior a las que podría expresar escribiendo a mano.

Otro paso en este análisis de la situación del hombre de hoy, luego de la 'juntedad' ya señalado y la relación excitante con las máquinas, es el hecho de que al hombre de la ciudad le han sacado su barrio. El barrio era el burgo dentro de la gran ciudad. En el burgo no hay que ser conocido: se es conocido. No hay que ser valorado: se es valorado. No hay que lograr ser parte de, se es parte de. El gordo González es hijo de Juanita, hija a su vez de don Pedro: el de la casa rosa detrás de la calle de los sauces. El gordo es, se lo valora y se lo reconoce.

Es un hombre del barrio, aunque ahora sea flaco, aunque no siempre se hable bien de él, el gordo sabe que puede estar tranquilo en ese lugar del que es parte, parte de ese árbol de la esquina, del baldío donde jugaba al fútbol —o aún juega—, del bar donde pasa las horas cuando quiere tomar un café con los amigos, del cine de ruidos imprecisos. El gordo no tiene que preocuparse, no tiene que ajetrearse ni angustiarse: él es el gordo González para todo el mundo, amén.

El árbol de la esquina fue sacado por razones que nunca se aclararon, en el baldío hay un edificio nuevo, el bar de los billares es un snack o pub o plif, con asientos incómodos para que la gente rote, la casa rosa del fondo de la calle es un edificio de departamentos donde viven cincuenta familias que se cruzan apuradas camino del colegio, del trabajo, del supermercado que han colocado en lugar del almacén del gallego Faustino. El hombre de la ciudad no pertenece, no es conocido, no es parte.

El hombre de la ciudad no está en su hábitat natural ni habitual. Y esto le produce modificaciones en su conducta porque todavía no se ha habituado a esta nueva vida, que no tiene más de dos generaciones de planteada en estas condiciones. Por ésto el hombre se siente más inseguro. No solamente porque en algunas zonas haya violencia o droga. En última instancia esta violencia o droga tienen una estrecha relación con este escenario citadino que hemos delineado. El hombre se siente más inseguro, porque su ritmo de cada mañana no es el de la siembra del trigo, el de la luz y la noche naturales, en vez del de la luz eléctrica, del ruido del ómnibus que sube por la ventana, del horizonte cortado por el departamento de enfrente o por una pared. El hombre de la ciudad es como un hombre de visita, en un lugar que no es el suyo. Y ésto no es una admonición contra la gran ciudad, una defensa de la ecología, ni un relato melancólico sobre el paraíso perdido. Esto es tratar de entender, desde el principio, por qué el hombre reacciona de distintas maneras.

El hombre fuera de su habitat, como el hombre de viaje, no está tan seguro como el hombre en su casa habitual, en su lugar habitual. Como ese hombre de viaje, estamos todavía de visita por las ciudades, porque nuestro ser no está acostumbrado a este habitat y nos estamos adecuando porque el hombre tiene un enorme poder de adecuación.

Pero el hombre ha perdido su lugar. Ese lugar fue la casa en el campo, luego el burgo, por fin el burgo dentro de la gran ciudad. Ahora también ha roto ésto. Es una nueva experiencia y quizá la más compleja. Porque el hombre de campo supo vivir en el burgo; y cuando el burgo se hizo grande él se mantuvo pequeño, es decir hizo una suma de pequeñas partes para construir esa gran ciudad. Los barrios de zapateros, de herreros, de carpinteros, sustituyeron a los gremios que daban marco y cobijo a los hombres del burgo. Detrás de ellos estaba esa pertenencia, ese reconocimiento, ese ser por uno mismo, que la desaparición del gremio había dejado en descubierto.

Luego los gremios ya no pudieron mantener su estado barrial y los barrios se acogieron a un santo o a una tradición, pero siguieron siendo el lugar seguro. Hace muy poco se podía jugar a la pelota en muchas calles del mundo que hoy se han abierto a un tránsito febril y constante. La serenidad del barrio ya no existe y el sereno o el viejo guardia que hacía la ronda, han sido jubilados.

En su lugar han quedado la llave especial, el seguro del auto, la sirena de las ambulancias y de los coches de la policía. Y de todas maneras su voz gritando la hora, su pito señalando su paso o el pedido de "¡Sereno!" del vecino que llegaba a su casa, no serían escuchados en la altura de los pisos altos, en el ruido de las gomas contra el asfalto o de las sirenas apuradas. El hombre de nuestro siglo se las arregla solo, tanto para abrir la puerta cuanto para ser robado. Y por sobre todo, lo que más importa es eso: se las arregla solo. Porque no está contenido ya por el antiguo gremio de cada oficio, ni por el barrio que bajo el santo del lugar le daba, desde la cuna, un lugar que era sólo para él.

Esto es cien veces más importante que todo lo anterior. Porque el hombre que tiene que vivir exigiéndose una vida de velocidad y de ruido que no es la suya, cuando puede descansar sobre una almohada cálida, se recupera.

Pero lo que pasa es que el hombre de la gran ciudad no solamente ocupa un habitat que no es el suyo, un lugar de una velocidad que no es la de un animal, sino la de la máquina, un espacio que no es el de los ruidos de la naturaleza sino el de los motores y las sirenas, un aire que no es el del ocaso, sino el de los escapes de los autos y el de las fábricas, un agua que no es del pozo o del río, sino que es de las efluentes contaminadas, de las capas polutas, del cloro de las obras sanitarias, sino que sin el horizonte que siempre tuvo, no es conocido por nadie, no es parte de algún lado y no tiene por lo tanto lugar ninguno por sí mismo. Y esto es inmensamente más grave que todos los otros improperios que sufre.

El hombre del barrio no tenía que hacer nada para ser él, para ser reconocido, para ser parte ineludible del barrio y de la gente. Estas tres cosas son fundamentales, esenciales a la naturaleza del hombre, casi una misma.

Pues bien, nuestro hombre de la ciudad de nuestro siglo, no tiene ninguna de las tres. Tiene que pelear por cada una. Tiene que preocuparse para que lo reconozcan por sus méritos cualesquiera sean, lo cual incluye robar, matar o violar; tiene que preocuparse por hacerse un espacio en un club, en una asociación, en un lugar cualquiera, donde sea parte de ese grupo, en la banda, en la pandilla, los amigos, el grupo de algún juego, el ser parte, el ser saludado y parte de la mesa. Es esencial.

Y también lo es ser por sí mismo, aunque esto es imposible en nuestro mundo citadino. Lo tenemos sólo por las personas que nos quieren, que son pocas y no sabemos por cuánto tiempo. Y no por quienes nos dicen que nos quieren. "No son los que dicen ¡Señor, Señor!, sino los que hacen". ¿Y cuántos de nosotros cuentan con cuántos de éstos que nos toman por nosotros mismos? Por de pronto no hay hombre rico que lo sepa. Y rico es una palabra elástica, que tiene que ver más con la pobreza del otro que con la propia cantidad de bienes en el balance. Esto es por fin de tal angustia, que no lo miramos.

Porque es doloroso, absurdo, raspar el hueso de nuestra realidad para tratar de entender y luego, de aceptar. Pocas personas lo hacen. Pocas personas enfrentan simplemente la posibilidad de hacerlo.

Observemos también que la situación del hombre de la pequeña ciudad o del pueblo no es idéntica. Por más que está tironeado por el deseo de imitar al citadino y por las presiones a las que lo someten sus clientes, jefes o proveedores de la ciudad, cuando sale de la empresa, el hombre del pueblo vuelve al lugar en que es él. El hombre del pueblo o la pequeña ciudad tiene su barrio, porque así actúa la población pequeña y por lo tanto no sufre el daño de ser ignorado, pertenece a un lugar, donde es reconocido.

Quizá tenga el problema de que tiene como marco de referencia a aquel hombre de la gran ciudad: él quiere ser aquello que está allá, tras el fax o el télex, aquello que ha visto y que desea. Entonces reniega de dónde está y corre un riesgo mayor aún: la pérdida de sus raíces. Porque el que pierde la raíz de dónde es, muere como el árbol, únicamente que por ser hombre alcanza a sobrevivir. Y esto no es gratuito. El emigrante es un ser al que le falta permanentemente su patria, al que el traspaso le ha sacado lo que es y no se siente seguro, con todo lo que esta situación implica.

Ser por sí mismo, ser reconocido, ser parte. Estos son tres mojones de la esencia del hombre que hoy son muy críticos y que hay que tener presentes cuando miremos hacia el hombre de la empresa, porque hoy estos temas hacen del hombre actual un hombre más exigido, más exigente y más susceptible.

El hombre que además viene de la soledad. No es esa soledad vital que nos negamos los hombres, la soledad que nos llega por el hecho claro de que nacemos solos como moriremos solos, la soledad de que nuestro interior es sólo nuestro y nadie puede conocerlo realmente y sólo nosotros podemos cambiarlo en lo que queramos y podamos. La soledad de que hablamos es la soledad de la ciudad, la soledad de quien no comparte con sus vecinos, no comparte en realidad con nadie en la multitud.

Esta soledad es sin duda angustiante cuando pega. Pero la soledad de la ciudad es la misma que permite al hombre de la ciudad una libertad de movimientos que quisiera el pueblerino para un domingo. Uno puede ir y venir por una ciudad sin que nadie se entere, por lo mismo que nadie se preocupa. Y esto es una gran ventaja para vivir en libertad.

Pero esa misma soledad se convierte en terrible cuando se nos pega a la piel porque no queremos estar solos. El hombre es un ser gregario y por lo tanto sus soledades son siempre parciales y temporales. Aun en el convento más retirado se está con otros en silencio. Cuando el hombre se empieza a preocupar por el hecho de que no quisiera estar solo, entonces la soledad se vuelve en angustia y las personas llegan a la empresa el lunes en un estado emocional alterado, doloridas por ese domingo que no en vano es el día de los suicidios.

Conviene por último tocar un punto de nuestra sociedad que hace también a la empresa y que no tiene que ver con la ciudad sino con el hombre de nuestra sociedad. El tema de la Muerte nos produce un terror más allá del miedo que cualquier ser le tiene a morir. Pintar a los muertos para que parezcan vivos, no mencionar la palabra muerte, querer ser siempre jóvenes, es propio de seres que están fuera de su marco.

Para el hombre de campo la muerte es un acto natural que teme, pero que ocurre cada día, en el fruto que cae, en el animal que mata para comer, en el animal que muere de viejo o que es matado por otro. En cambio al cemento de la ciudad la carne llega en pedazos, envuelta en plástico, matamos con aerosoles a los insectos y las hojas del otoño son recogidas rápidamente por los sistemas de limpieza.

Por eso durante tanto tiempo hemos exigido que nuestros empleados fueran jóvenes, aunque no tuvieran la experiencia que debieran. Nuestro apego a la juventud es en última instancia miedo a la muerte, porque la vejez es una edad que nos acerca a una desembocadura obligada y esperada. Por eso seguir siendo joven es alejar el fantasma de la muerte. Y este hecho ha producido y produce una cantidad enorme de efectos en las relaciones en la empresa que no tienen que ver solamente con tal o cual persona o con nosotros mismos, sino con ese terror que se ha instalado en nuestra sociedad, sin reconocerle a la pobre Muerte los méritos que tiene, que son muchos.

Si hay algo de lo que podemos estar seguros, es que todos moriremos. Esto tiene una gran cantidad de consecuencias para nuestra vida y para nuestra empresa. No tratemos de simplificar las cosas sólo porque estamos apurados o porque tenemos miedo. La diferencia entre un cobarde y un valiente no es tener miedo, sino que aquél se somete al miedo y éste no.

La seguridad de que ocurre la muerte es la seguridad de que estamos con vida. La ventaja que hoy tenemos es que podemos vivir más años y además que los podemos vivir mejor. Los límites a nuestra plenitud y a nuestra creatividad nos son puestos desde los genes en adelante por muchos elementos, pero además nos son achicados aún más por nosotros, por nuestro miedo a detenernos a mirar.

Por ésto, revalorizar la existencia de la muerte es revalorizar el hecho de que tenemos una vida acotada, donde nuestras acciones son más ricas, porque nuestro tiempo es limitado. Como en un PERT, nuestra vida trascurre por un camino crítico rodeado por actividades secundarias. Como existe la muerte, es esencial que determinemos nosotros cuál es ese camino crítico y cuáles las actividades secundarias. Hacer lo contrario significa que vamos a correr hacia uno y otro lado impulsados por las actividades de otros, no por nuestra decisión. Esto no tendría importancia si no existiera la muerte, si viviéramos por toda la eternidad. Esto no tendría importancia para nuestra vida ni para nuestra empresa. Pero los años cuentan para todos y para todo. Esta es la ventaja de la vida limitada: la riqueza de nuestros días.

Esta riqueza no es, ya lo dijimos, ilimitada ni es una línea recta. Es una sinusoide, donde nuestra propia vida nos ofrece oportunidades diferentes. Estas oportunidades tienen que ver con las características de nuestras distintas épocas y estas épocas inciden en nuestras empresas. Saber verlas, saber determinarlas, aceptarlas y administrarlas es la diferencia entre vivir y sobrevivir y es la diferencia por lo tanto entre sabiduría y angustia.

Además en estos últimos años está ocurriendo algo que nos parece natural a fuerza de vivir en medio de ello. Esta enorme cantidad de información y de incitaciones que recibimos cada día, tienen dos tendencias que son absolutamente únicas de nuestro tiempo.

Es cierto que una de las cualidades básicas del hombre es la violencia. Si los humanos no fuéramos violentos nos comerían los escarabajos y los animales superiores. Tenemos que ser violentos para poder comer la carne de otros animales, tenemos que ser violentos para arrancar el árbol con el que haremos nuestra casa.

Pero el hombre de la ciudad —y aquí también el de los pueblos y el campo en general—, está inmerso en la visión pasiva de violencias de todo tipo. La que viene por el diario, haciéndonos saber que pasan todo tipo de crímenes entre nosotros, la que viene por el cine cuando vamos a ver películas donde el tenor es violento aunque el tema no lo sea y por fin la que pasan por televisión donde humanos, animales y dibujos compiten a ver quién es más violento y a quién se le ocurre un acto de violencia mayor.

Es tal la distorsión que hay en este asunto que un protagonista de una película decía que matar es una manera del arte, contradiciendo los conceptos de manera violenta, porque si algo es creación y vida es precisamente el arte. Cuando creemos que el arte es muerte, estamos negando la existencia del acto humano de creación que es el acto de vida por excelencia. Arte no puede ser muerte, como blanco no puede ser negro y justificar la violencia del acto de matar como acto de creación es un signo de la contradicción en que vivimos.

Esto tiene dos efectos: por un lado nos conmueve y nos deja inquietos, llenos de ganas de hacer algo con esa violencia que hemos visto y que se nos ha metido en el cuerpo. Por otra parte nos acostumbra a los hechos más brutales y perversos, haciéndonos una especie de callo, que nos lleva a considerarlos como parte natural y cotidiana de la vida cuando no nos desarrolla el placer de ver actos violentos y entonces nos sentamos en el cine o frente al televisor con la intención de pasarla bien gozando la violencia que el título nos adelanta.

Y esta violencia desde luego que no es natural ni mucho menos cotidiana. Pero así es como estamos, cada vez más inmersos en este tenor de violencia que nos empapa, que nos hace vivir como si fuera natural y que demasiados jóvenes imitan.

Por otro lado hay un hecho también muy natural, que es el sexo. Y también aquí tanto en fotos, cuanto en publicaciones, cuanto en cine o en televisión, es habitual que los hombres veamos mujeres desnudas, veamos actos sexuales, tengamos a mano aparatos para uso sexual con otro o con uno mismo, estemos en contacto permanente con la visión y aún la propuesta del sexo.

También aquí es un hecho natural, de la naturaleza del hombre. Pero también aquí, el grado en que se está dando es tan enorme que no hay día en que no se vean partes del cuerpo de la mujer o actos de sexo en medidas en que nunca en la historia de la humanidad se han dado. Porque las épocas más libertarias o las más perversas no tenían los medios de comunicación dispuestos en la cantidad que tenemos nosotros.

Pero además y cada vez con más frecuencia la incitación sexual toma aspectos de violencia porque se van agotando las insinuaciones más amables, más sexuales y cada vez más lo sexual tiene que ver con violaciones, con exigencias, con golpes que lo enquistan más en lo violento que en el puro sexo.

Esta es también una incitación que al producirse conmueve nuestras hormonas y nos pide hacer algo, nos inquieta y nos mueve. Y el hombre en medio de esta información y de esta incitación, queda sorprendido y atacado, inquieto, empujado a moverse en un sentido en que no se hubiera movido anteriormente.

Estos dos hechos, la amplia inmersión social en hechos de violencia y en hechos de sexo, son novedades no ya de este siglo, sino de los últimos veinte años o menos. Porque antes había más o menos exposición en este sentido, pero a la pérdida de las represiones se sumó la disposición de medios de comunicación. Y entonces se ha producido un cambio que no es cuantitativo, sino que ha pasado a ser cualitativo, porque modifica la actitud de cientos de miles de personas, inquietadas por esta visión permanente de violencia y de sexo.

El exceso de violencia tiene además el aditamento de que produce menor posibilidad de riqueza personal. El hombre violento no se abre a las incitaciones que la vida le propone, sino que se estrecha en su violencia y en la rispidez de lo que según él vale o no la pena. El hombre violento está siempre seguro de lo que hace porque sólo así puede justificar su violencia. Pero al mismo tiempo la seguridad permanente en lo que se hace es la mejor muestra de la estupidez: no hay inteligencia, sin duda. Toda novedad surge de algo diferente, de la salida de lo cotidiano, de lo habitual, a través precisamente de la duda.

La estrechez de miras, el estrecharse su persona, hace que el violento no enriquezca su ser con otras cosas y ésto produce a su vez una tendencia a la falta de imaginación creativa, lo cual se nota en nuestro lenguaje que se está haciendo cada vez más corto y más pobre. El lenguaje es el que muestra y ayuda a la creación de imágenes. Una lengua rica es señal de un pueblo imaginativo, un pueblo que necesita muchas palabras para simbolizar tantas ideas. Cuanto más pobre la imaginación, menos rico el lenguaje del pueblo.

Pues si nos fijamos en nuestras expresiones y en nuestro idioma, notaremos que está cada vez más lleno de pequeños vocablos, de especie de estornudos o ronquidos, de graznidos que sustituyen a las palabras. Y nuestros nombres se apocopan cada vez más en monosílabos fáciles que no molesten.

Esto es falta de imaginación, es pobreza personal y en esto tiene mucho que ver un mundo en el que la violencia se ha vuelto algo cotidiano, no tanto porque vivamos cada día una pelea física, sino en tanto estamos inmersos en historias de violencia, que no ocurren como antes en el Lejano Oeste o en Arabia, sino que ahora ocurren en las calles de las ciudades en las que vivimos. Lo que hace que hoy parezca familiar.

CAPITULO 5. EL PLANTEO DE NUESTRA SOCIEDA

En este escenario que hemos delineado, el hombre vive sus días en un medio que tiene algunas aristas hostiles. Sin embargo, espera lograr confort y alcanzar una buena vida. No es la búsqueda de la musicalidad, de la riqueza espiritual, de la conquista territorial, lo que mueve al hombre de nuestros días. En términos generales, su búsqueda está dirigida hacia la mejora de su nivel de vida

Aunque es obvio que hay muchos otros aspectos a considerar en este asunto y que no todos yos hombres tienen las mismas tendencias, nuestra sociedad emite un mensaje permanente que incita a tener cosas, a lograr vivir mejor y este vivir mejor no es básicamente otra cosa que tener cosas. Vive mejor quien vive en una casa cómoda, grande, confortable; vive mejor quien tiene dos autos, quien va a esquiar, quien tiene muchos vestidos, come en lugares caros, etc. etc.

Esto implica con alguna certeza el hecho de que siendo varón tendrá muchas mujeres a su disposición y que quien tiene ésto es porque ocupa una posición de brillo, es decir, digna de ser filmada, lo que es también de difícil definición o cuanto menos de larga consideración.

El hombre que logra estas metas, ha alcanzado el éxito. Quien no las ha logrado sino parcialmente debe esforzarse por alcanzarlas. Quien no ha llegado ni siquiera al primer capítulo, debe hacer algo urgentemente con su vida.

Sin embargo, ¿cuándo se alcanzan estas metas? ¿Quién establece o cómo se establece que las metas han sido alcanzadas? La respuesta a estas incógnitas es, lamentablemente, negativa. No hay quien establezca cuándo se alcanzaron las metas y de hecho las metas nunca se alcanzan, porque siempre hay alguna novedad para lograr. Solamente los depresivos se suicidan porque no tienen ya nada que conseguir, porque siempre hay una novedad por conseguir, acto, joya, viaje, cosa o ropa que ha sido lanzada recientemente y que será un nuevo capítulo al que seguirá otro acto, joya, viaje, cosa o ropa que deberá ser alcanzado a continuación.

O sea la realidad es que las metas sucesivas son una carrera sin fin, que sólo termina con la muerte. Quienquiera que inicie esta carrera deberá seguirla sin que pueda encontrar una meta final, antes de morir. Lo cual ocurre en la mayoría de las carreras de la vida.

¿Son irrazonables estas metas? ¿Es válido condenar a quien quiere vivir confortablemente? Obviamente no.

Sin entrar en mayores consideraciones, cualquier ser humano en su sano juicio quiere vivir bajo techo, no pasar frío, comer bien todos los días. Cualquier ser humano quiere darle cobijo a sus hijos, quiere darles alimentación. En el mundo actual es además razonable querer vestir con decoro, querer dar una buena educación a los hijos, querer tener una televisión e ir al cine, al teatro, al circo.

¿Se debe tener un auto? ¿Se deben tener tres o cuatro?. ¿Se debe tener una casa de veraneo o una casa de fin de semana o ambas? ¿Se debe tener una amante 'puesta'? ¿Se debe viajar todos los años un mes o dos o tres? ¿Se debe...?.

Lo que para algunos es un lujo innecesario, para otros es una necesidad vital. A veces he oído críticas de alguien que se quejaba amargamente de que ese año no podría ir a Europa. Pero quienes lo hacían no consideraban que esa persona había viajado a Europa todos los años de su vida. Que eso era natural para él y que, por lo tanto, no poder hacerlo significaba una pérdida.

Otros en cambio hacen del tener una cuestión puramente snob y si uno los observa con cierto detenimiento los puede distinguir con relativa facilidad. La ostentación los delata, una cierta sonrisa, un gesto de 'qué bárbaro, ¿no?', donde se esconde el temor a la falta de reconocimiento si no pudieran mostrar estos logros.

Impulsado por distintas razones, el hombre actual claramente no tiene fronteras a partir de las cuales se le haga notar que ha pasado de la necesidad primaria, a la necesidad razonable y luego a la superfluidad total. Cada uno va viviendo cada necesidad como puede, a partir de modos adquiridos y de modos que quiere adquirir.

Lo importante de ésto es que la distinción entre las distintas etapas que señalamos, las fronteras entre una necesidad o una superfluidad, es absolutamente interna de cada persona. Es uno mismo quien establece cuándo algo vale la pena, cuándo quiere algo o no, cuándo está dispuesto a hacer algún esfuerzo o algún sacrificio por algo. El hombre de al lado pasará indiferente junto a la misma cosa por la que nosotros nos desesperamos o viceversa. Y esto es una diferencia de gustos, pero una idéntica ansiedad, sobre la que volveremos más adelante. Ahora bien, esta búsqueda de cosas, llamada consumismo, está apoyada cada vez con mayor eficacia por los medios de comunicación. No hay culpable en ello, sino una simple concatenación de circunstancias.

Un día alguien promocionó lo que quería y ésta fue Eva cuando le ofreció a Adán la manzana. Luego algunos fueron mejorando la manera de hacer esta promoción, con gente gritando por las calles, con carteles, con espectáculos, a través de un objeto que se llama radio y luego por la televisión y luego a través del satélite. Por otra parte, desde esa primera promoción de la manzana hemos estudiado mejores maneras de provocar el deseo en el otro, hemos experimentado, investigado, probado las mejores maneras, las formas más sutiles de seducción. Por fin, por otro carril, más gente producía progresivamente, distintos elementos de la mayor variedad, cada vez mejor presentados, más eficaces en su función, mejor hechos.

Así ha ocurrido que habiendo mecanismos de seducción reunidos con otros de publicidad, a través de amplísimos sistemas de comunicación y una multitud de productos y servicios, se haya hecho incontenible la tendencia actual a comunicar a cada persona una multitud de mensajes diarios. Esto no es modificable, porque la fuerza de las distintas partes de esta circunstancia la sustentan en sí misma y la impulsan a actuar.

No se puede pensar en un medio de comunicación que no comunique, en una forma de promoción que no promueva, en un producto que se haga para no ser vendido. Lo natural es que el medio comunique, que cada uno de nosotros promueva algo (a alguien o a sí mismo), que los productos se vendan. Entonces es una cuestión de monto, porque en vez de ser una mujer que ofrece un producto (la manzana), ahora hay satélites dedicados a ofrecer miles de productos. Lo interesante es que a partir de un cierto punto, la cantidad de fenómenos producen un cambio cualitativo, lo que hace que la situación de Adán haya sido muy distinta a la del hombre actual.

Así pues el hombre actual recibe estas incitaciones cada día en cantidades difíciles de calcular, pero por miles. Las circunstancias son distintas. Un monje recibirá muy pocas, un campesino cuidando su campo algunas más, un hombre en un pueblo más aún y en la ciudad habrá una gama muy amplia. Pero la radio, la televisión, los carteles, los diarios, llegan permanentemente a quien está en las calles y en las casas. El hombre que recibe todos estos mensajes tiene que hacer algo con ellos.

Decimos que el hombre que recibe estos mensajes debe hacer algo, porque frente a cualquier información los hombres hacemos algo, para incluirla en nuestra vida, para rechazarla, para usarla eventualmente. Clasificar la información que nos llega es elemental para poder vivir. Sino no sabríamos caminar, comer o andar en auto. Lo que nos ocurre a los hombres de este fin de siglo es que la cantidad de información es enorme y viene desordenada.

No decimos que la información viene sin digerir, porque no sólo viene digerida, sino que viene preparada y en algunos casos cuidadosamente estudiada su preparación. Lo que ocurre es que es tan importante la muerte de un hombre como un jabón de tocador, la prevención de una enfermedad, como el fin de semana en Búzios. No estamos preparados. No hay ningún ejercicio, ninguna materia que nos prepare para recibir la información y procesarla.

Lo que hacemos en algunos de nuestros trabajos, no lo hacemos en la vida cotidiana. Porque el material es demasiado, viene mezclado y no tenemos entrenamiento ni tiempo para ponerlo en orden y analizarlo. En vez de todo ésto, lo que nos ocurre es que lo recibimos y lo comemos como está, en el orden en que viene.

El resultado de este bombardeo incontrolable es la pasividad frente a las múltiples incitaciones, pasividad no porque el hombre se quede quieto o callado, sino porque no está en condiciones de analizarlas adecuadamente y entonces queda como aplastado por ese montón de palabras que se le han metido en el cuerpo y que no puede manejar.

Estas palabras que se le han metido en el cuerpo y que no puede manejar, producen una reacción automática, no manejada, no analizada. Una reacción que podríamos llamar instintiva si no fuera porque responde al resultado de muchas otras incitaciones y no del instinto. El resultado es el condicionamiento sucesivo y cada vez mayor. Es decir que cuanto mayor es el montón de noticas que voy recibiendo, más difícil se me hace aclararme qué está pasando. Creo que es tal cosa o quizá tal otra. Pero no alcanzo a advertir en qué medida estoy inducido, condicionado por todo ese montón de información que tengo adentro sin clasificar, lo que me hace decir que creo que es tal cosa o tal otra.

Esto lo hemos vivido muy claramente quienes hemos vivido bajo regímenes autoritarios que nos han ido impregnando de ciertos puntos de vista que se nos han aparecido luego como mentiras enormes, ignominiosas, que ocultaban en muchos casos hechos perversos. Entonces, quienes hemos sabido mirar, hemos advertido la medida en que nos habían engañado, la medida en que nos habíamos engañado. Esto no es privativo de los regímenes autoritarios y solamente cuando hay competencia en la información, cuando hay medios de información varios e independientes, quizá podamos alcanzar una cierta claridad. Por lo menos podremos alcanzar la frontera de la duda.

Y mayor es aún este efecto en los niños que hoy pasan varias horas por día junto al televisor y que no están siquiera preparados para hilvanar algún pensamiento sobre lo que ven, porque son muy pequeños todavía y no tienen antecedentes, no conocen otra cosa, no tienen experiencia, ni datos. Así tragan materialmente lo que les pasamos, sin oponerse, lo que es más, desarrollando sus valores y sus gustos según lo que la televisión les dice y creando una costumbre feroz a tomar de esa fuente, más adictiva que lo que fue o es la radio, porque es más completa, deja menos o nada librado a la imaginación, cubre al televidente.

Así, cada vez más los hombres de nuestro siglo estamos bajo los efectos somníferos de una parva de recomendaciones y de información, que a veces está sólo tergiversada por ser el punto de vista de otro y a veces está tergiversada por ser la mala intención de otro.

La tendencia, pues, va —o diría, está—, fuertemente asentada en una debilidad del hombre frente a esta parafernalia, que lo maneja cada vez más dando mucha información y, al mismo tiempo, no mostrando otra. Este hombre cada vez más inerme, está incitado a lograr permanentemente lo que aún no tiene y debe conseguir, está incitado a vivir en un mundo en que la violencia es cada vez más importante y el sexo, público.

CAPITULO 6. LA TENDENCIA DE LA VIDA

¿Cuál es la tendencia, el sentido que le da a la vida este hombre de nuestros tiempos? Aquel que viene a la empresa es un hombre que está buscando, ante todo, sobrevivir. No nos olvidemos que aunque éste sea el siglo más rico de la historia de la humanidad conocida, la mayoría de los hombres sobre la Tierra pasan graves privaciones. Estas privaciones son efectivamente privaciones, es decir es gente que no come lo suficiente. No se trata de aquellas consideraciones que hemos hecho cuando hemos tratado de lo que es esencial y lo que aparece como superfluo pero que hoy se nos ha hecho necesario. Esta otra es gente que está desnutrida.

Ahora bien, por encima de ella, de esta mayoría de personas en estado de emergencias, el hombre actual parece estar, en general, en situación de búsqueda. Claro que no se trata de una búsqueda intelectual o espiritual, sino material, lo que hace que algunas personas la desprecien, pero nos guste o no ésta es la realidad, la que además es importante que señalemos, porque no hay límite a la acumulación de bienes.

Lo que hay quizá son pozos, momentos peores, limitaciones que da la economía general, pero siempre podremos razonablemente pensar en un nuevo producto o un nuevo servicio y esto hace que vivamos en estado de búsqueda hacia algo más, pero también hace que vivamos en estado de frustración, cuando la economía no nos permite alcanzar los mismos bienes que promueve. La búsqueda aquí, se hace más ríspida.

¿Qué pasa a los veinte años con esta búsqueda? ¿Qué ocurre a los treinta? Son las edades del esfuerzo, las edades en que remar hacia lo que se quiere parece lo más razonable. Hay excepciones, excepciones individuales y también excepciones de grupos enteros, como fueron los hippies. Pero la mayoría de nosotros a los veinte y a los treinta lo que hace es remar en pos de lo que espera de la vida en lo material, así como en lo profesional y familiar. Sin embargo, uno de los fenómenos actuales son los jóvenes desocupados, en este nuevo descubrimiento del desempleo estructural que los echa afuera del camino antes de empezar. ¿Qué queda para ellos? En la desesperanza muchos toman el camino de la droga y de la violencia, desestabilizando más la sociedad, llevando más temor al resto.

Los que seguimos, si hemos logrado lo que queríamos seguramente no recordaremos que esa era una meta final. Si nos acordamos seguramente habrán otras cosas que no existían antes y que ahora se convierten en metas novedosas. Pero además nos planteamos de una manera poco clara quizá, la duda sobre qué es lo que podemos hacer con todo eso que tenemos. O quizá, qué nos ha pasado con nuestros afectos, algunos porque nos hemos separado, otros porque no tenemos buenas relaciones con nuestros hijos, otros porque no las tenemos con nuestros padres o nuestros amigos. Qué nos pasa en la relación con Dios y con la Iglesia, qué con nuestra Vida.

A los cuarenta esto empieza a vislumbrarse, pero es a los cincuenta en estas generaciones más longevas donde se produce la crisis. Los hijos se han ido, la juventud también, las fuerzas disminuyen, la Muerte se ve en el fondo del túnel.

¿Para qué sirve todo lo que hemos hecho? Empieza una especie de revisión o de gran negación. En todo caso aquello que se decía antes, "la vida empieza a los cuarenta", puede ahora decirse en verdad respecto de los cincuenta.

Y es en esos años también cuando los hombres nos vamos acercando a aquél del que se hacía broma, ese que se volvía cristiano de golpe, iba a misa y daba limosna. Era el miedo a la muerte, el olor a los cirios del velatorio próximo.

¿Es decir que no hay diferencia entonces entre el hombre de hoy con aquel otro que moría antes, pero que hacía los mismos ciclos de despegue y búsqueda, encuentro o fracaso, desapego y muerte? ¿Quiere esto decir que encontramos por fin al hombre de siempre, el de todos los tiempos? ¿Es el hombre de hoy igual a los de los demás tiempos?

No es fácil contestarse esta pregunta. Por de pronto todos los seres humanos han querido tener. Querer tener no es malo. Todos hemos querido tener cosas que estaban más o menos próximas o posibles. La cuestión es más bien cuál es el precio que debemos pagar por aquello que deseamos.

Siempre hay un precio, que no es el económico, sino que es el personal, el vital. Este fenómeno que hace que muchos políticos terminen divorciados o el planteo similar que se hacen los policías, es por ejemplo un precio que deben pagar esos hombres y mujeres por seguir cierta profesión y no otra.

¿Cuál es entonces el precio que debemos pagar por tener? Esta es una decisión absolutamente personal. El primer problema es quizá el hecho de la dudosa libertad para decidir en medio de tanto condicionamiento. Sin profundizar en el tema de la libertad, tema apasionante que no tiene una solución universalmente aceptada, podemos comenzar por establecer que existe acuerdo en que la libertad es condicionada. El condicionamiento de nuestra libertad tiene un aspecto visible, físicamente evaluable, como es estar encerrado, no tener dinero, vivir en una casa pequeña, pero es también invisible, porque está en el interior de la persona, es lo que nos cohíbe, lo que duele, lo que no se puede. Este es un misterio que hace imposible evaluar exactamente la medida de la libertad de quien compra algo. Podemos solamente afirmar que la acción de comprar, está condicionada por un sin fin de elementos, visibles o invisibles y que por lo tanto, la sociedad se puede estar moviendo en un terreno resbaladizo del tipo de aquel mundo feliz que nos describiera Huxley. La presión social es muy fuerte y esto condiciona ese aspecto que hemos denominado invisible, lo que el hombre guarda en su interior.

De lo que no cabe duda es que dado este escenario, el hombre que llega hoy a la empresa es un hombre condicionado en sus decisiones en una medida mayor a lo que solía estar el hombre del pasado y de una manera menos clara. El hombre del Medioevo aclamaba a su conde o a su duque, porque le daba la protección que le valía la vida y nadie podía sinceramente apostar a que esa misma aclamación se produjera si no hubieran los peligros que el hombre sabía o intuía.

El hombre de la corte de los reyes y emperadores era un cortesano, es decir cortejaba el favor del rey y de los próximos a él. Y en este sentido su posición, su rol, su conducta eran claras. El vasallo de todos los tiempos estaba avasallado y su límite de libertad era claro y objetivamente poco. Vivía con esta limitación que no engañaba a nadie. Ni qué decir de los esclavos de todos los tiempos, que aunque en medida diferente, todos estaban sometidos a la voluntad de quien debían obedecer. En todos los casos era claro el límite y el sometimiento requerido. La libertad del hombre del burgo estaba limitada también por su gremio y estaba limitada por la voluntad del conde. Todo ésto estaba mucho más claro que en nuestro caso. No hay condes ni reyes ni amos. Y sin embargo es obvia nuestra libertad limitada. La diferencia con aquel pasado es que hoy no podemos definir el límite con esa misma claridad con que podía el viejo hombre de la Historia.

Por esta misma forma de libertad limitada, el hombre de la Historia tenía asegurada su pertenencia y su reconocimiento. Por muy bajos que fueran ambos, eran esclavos, vasallos, burgueses, artesanos, nobles. Quien fuera conde sería padre de condes y abuelo de condes y sería hijo de conde y nieto de conde.

 También el zapatero, el artesano, el guerrero, eran hijos y padres de la misma profesión. Había una tradición que se imponía avasallando la libertad de elegir y la posibilidad de mejorar en la escala social. Había manumitidos y había libertos, había quienes eran nombrados barones o marqueses, pero la mayoría continuaba las huellas que tenía a sus pies y no se quejaba por ello, sino que por el contrario se sentía orgulloso de esta tradición o cuanto menos no pensaba siquiera en cambiarla. Las ideas de libertad de elección o de escala social sólo se aplicaron en este siglo de la mano de ideologías tan distintas como la francesa y la puritana, puestas en práctica por los norteamericanos. Pero esto es absolutamente nuevo. Esto es cambiar seguridad por libertad. Y no es un cambio pequeño.

El hombre del pasado no tenía que aumentar su velocidad, porque no tenía que acoplarse a máquina ninguna ni tenía una cantidad de información enorme que le exigía conocerla y darle respuesta. Vivía sin saber qué pasaba a mil kilómetros o a treinta; el hombre del pasado pertenecía fuertemente a una clase y un pueblo y era reconocido en ellas por sí mismo; era un hombre de pocos conocimientos que los recibía por tradición oral; veía poca gente, siempre la misma y no dejaba su lugar sino para alguna guerra: era un hombre de raíces profundas. Por eso no vivía solo, no sentía la soledad ciudadana, porque no había ciudades y cuando las hubo fueron pequeñas y por poco tiempo y con barrios específicos.

No tenía que angustiarse por tener, porque había poco que tener y eso quedaba para los ricos; sólo algunos pocos comerciantes se preocupaban y éstos eran la excepción. Algunos tuvieron un claro sentido de su vida, de su futuro con un Dios que establecía reglas religiosas, pero que daba la paz de la solución. No era un hombre inerme aunque pareciera más abandonado a su suerte que el hombre actual. De aquel vemos su desprotección cuando leemos los hechos de la historia en un lugar y por un momento; del de hoy no vemos esa desprotección porque parece muy protegido por todos los sistemas de salud, de desempleo, de jubilación, de seguro.

La paradoja es que el que parece inerme a la luz de la Historia se sentía tranquilo en la mayoría de los hombres y los tiempos, porque nosotros sólo miramos los malos momentos, no los lugares y los tiempos donde, infinitamente, la gente vivía en paz. En cambio bajo la apariencia de tranquilidad el hombre actual está en peor situación relativa, entre otras cosas porque tiene más conciencia de quién es y de las posibilidades que podría tener y porque está sujeto a todo el bombardeo descripto.

Además el hombre del pasado conocía poco del sexo y veía poco del sexo; no vivía en más violencia que la que actuaba o la de los vecinos y esto era excepcional. En esto nos llevaban también una gran distancia y no estaban inquietos, excitados a moverse en el sexo o la violencia, o ambos juntos.

¿Adónde va el hombre de nuestros días? El estrés es una novedad de nuestro siglo. Nuestro hombre busca insaciablemente y sin alternativa. Esta es una diferencia fundamental con el hombre de la Historia. Nosotros no tenemos la tranquilidad esencial que tuvieron muchos de nuestros antepasados. Aquel viejo del cuento, que se acordaba de nuevo del templo y la limosna, había estado en el templo y la limosna cuando fue joven y en última instancia, nunca lo había perdido de vista. El hombre de hoy debe sentir cierta desesperanza, para buscar en el tarot, la astrología y los cultos esotéricos y secundarios, lo que debería encontrar en las calles habituales de nuestras ciudades. La cuestión es que en nuestras calles hay droga, no procesiones.

Esta es la diferencia. Y con esto no estoy abogando por la religiosidad, que creo de todas maneras importante, sino por el análisis que el hombre de hoy le da al contenido de su vida. Un hombre que se droga no está en buena situación personal: se está destruyendo. El tarot y la astrología son la búsqueda de asegurarnos el futuro, saber en medio de nuestra zozobra, en vez de confiar. Los cultos esotéricos y secundarios (tipo evangélico), son la búsqueda de la pertenencia y la protección.

Estas son las cosas que hoy nos pasan a los hombres del siglo que llegamos también a las empresas.

Y no voy a decir cómo debería cambiarse esto. Lo que sí digo es que éste es el hombre que llega a la empresa y la empresa no puede dejar de tomar en cuenta quiénes son los que toma como empleados, antes siquiera de que empecemos a hablar de motivación. Este no es un hombre romántico, ni soñador. No tiene tiempo, no le han enseñado. Quiere tener ahora. Cuanto antes mejor. Este hombre no sabe esperar veinte años para alcanzar lo que quiere, como hicieron nuestros abuelos.

Es un hombre ansioso, que quizá ha perdido sus raíces en otra ciudad, pero que de todas maneras no tiene un lugar donde sea reconocido y donde pueda ser parte. Va a buscar en la empresa esta carencia que le produce la ciudad.

Es un hombre que no está tranquilo porque tiene que dar respuestas rápidas a las máquinas que maneja o que lo manejan y que tiene que tener respuestas a mucha de esa información que le cae y por la cual le van a pedir respuesta. Vive en estado de excitación.

Es un hombre que no es por sí mismo. En ningún lugar es Juancito, el hijo de Antonio y Margarita. Ahora tiene que hacerse un lugar para poder tener alguna autoestima y no sentirse una basura.

Es un hombre solo, no solamente en tanto esa soledad esencial que es vivir, sino porque no vive en un grupo solidario y estable que lo acompañe.

Es un hombre que es bombardeado todos los días por una enorme cantidad de información que le muestra el mundo y que lo empuja á comprarse cosas para ser, para alcanzar reconocimiento, no sólo para tener.

Es un hombre que además, en la ciudad actual, tiene que manejarse con el nivel de violencia que existe en el mundo y en la ciudad y tiene que tragar toda la violencia que le llega por todos los medios de comunicación.

Es un hombre que quiere desarrollarse porque es un ser humano y porque le dicen que hoy hay que hacerlo.

Es un hombre que siente que tiene a su disposición la mejor medicina de todos los tiempos, aunque siente que no siempre es todo lo eficaz que debiera.

Es un hombre sin represiones sexuales aparentes, pero con una incitación permanente hacia el sexo.

Es un hombre que no sabe qué hacer con la Muerte, porque no tiene la esperanza en una fe que le aclare el futuro que le espera. Y esto plantea una pregunta, casi como una consecuencia natural: un hombre que no sabe qué hacer con la Muerte ¿sabe qué hacer con la Vida? ¿No es la Muerte acaso la que, al limitar la Vida, le da sentido, nos fuerza a ocuparla, a considerarla valiosa?

Con todo este bagaje el hombre de hoy llega a la empresa. La empresa es uno de sus campos de batalla.

CAPITULO 7. ¿HOMBRE O MUJER?

No hemos mencionado a lo largo de las páginas anteriores, el cambio enorme que se está produciendo en las relaciones entre hombres y mujeres. Es un cambio que ha estallado a partir de la década de los sesenta y nos ha dejado la cara llena de esquirlas a ambos sexos. Ambos sexos estamos tratando de encontrar cuál es la manera, qué es lo que tenemos que abdicar para este nuevo equilibrio indefinido que nos proponen. Es una de las grandes revoluciones del siglo y nos ha encontrado a todos poco preparados cuando no sorprendidos. Esto, claro está, influye en la empresa.

El hombre, que ha manejado el mundo ancestralmente, se encuentra de pronto con que la mujer no quiere estar ya en una posición de consejo o de ayuda, sino que quiere ser protagonista directa, en la primera fila del escenario.

Los norteamericanos que son cándidamente esquemáticos, han establecido el principio de las minorías y han considerado a la mujer una minoría y no cabe duda que tienen razón, porque la mujer es un ser tratado sin equidad en nuestra sociedad, cuando no decididamente maltratado.

Pero la mujer pudo haber elegido ser un par del hombre y no un igual. La mujer tiene su propia riqueza, su propia vida, no es igual al hombre y debió de haber prevenido más esta diferencia. Los seres humanos tenemos esta tendencia a poder estar sólo en la misma posición o en la contraria y nos es muy difícil crear una posición diferente a esas dos y las mujeres han repetido este proceso que la Historia nos muestra infinitamente, permitiendo la aparición del unisex, que por definición es absurdo ya que gracias a Dios, somos dos sexos y no uno solo.

Frente a esta posición de la mujer al hombre se le plantean dos tipos de definiciones: en términos freudianos la mujer envidia el pene del hombre y quiere tenerlo; en la posición contraria la mujer es la base de la Naturaleza, ella es la que puede cobijar la vida y ella es la que da alimento, quedando el hombre en una posición inferior o cuanto menos vitalmente dependiente.

Entonces, cuando la mujer se presenta para competir por un puesto en la empresa, al hombre no le pasa lo mismo que cuando compite con otro hombre. El hombre no reacciona frente a la mujer porque quiere, sino porque no le queda más remedio. El hombre se siente, está siendo atacado en su base vital, porque el macho no puede aceptar ni puede entender que la hembra sea su par o su superior.

El hombre frente a la mujer que aparece en la empresa siente una mezcla de competencia, de cortesía, de impulso sexual, de respeto, porque es su madre, su esposa, es su amante y para algunos es su hija. En esta mezcla descomunal que se le produce, el macho se siente desorientado y no encuentra una forma clara de enfrentar el problema como la tiene cuando el que se presenta es otro hombre.

En estas situaciones se tienden a utilizar ciertos argumentos que bloqueen la aparición femenina en puestos de alguna relevancia. El primero es el embarazo: la mujer quiere ser madre, se embaraza y por lo tanto es una hipoteca en el corto o mediano plazo, no se puede confiar en su continuidad y los negocios de la empresa se resentirán con la ausencia de una persona de importancia en la organización.

La síntesis de esta posición es la política de una empresa de turismo que no toma mujeres casadas porque quedan embarazadas. Si uno se detiene en esta política encontrará todas las contradicciones del tema. En primer lugar prohíben la entrada de quien pueda quedar embarazada sin preguntarse cuántos hijos tiene hoy día un matrimonio. Hoy un matrimonio tiene dos o quizá tres hijos, cuando no menos. Es decir que esta es una 'enfermedad' de poca cuantía. Es una enfermedad anunciada al mejor estilo de García Márquez, frente a la cual se pueden tomar las precauciones de la organización por ese período de ausencia, mientras que los hombres —y las mismas mujeres— tenemos otras enfermedades que no podemos anunciar ni prever y que abarcan en conjunto muchos más días que los del permiso por parto.

Una empresa de turismo tiene una política por la cual no toma mujeres casadas, porque quedan embarazadas. Además de la disminución que esto significa, esta política nos muestra la antigüedad del pensamiento que la produce: las mujeres casadas no deben ingresar porque pueden quedar embarazadas. Es decir que las mujeres solteras y las mujeres separadas y las mujeres viudas, no pueden quedar embarazadas y ello, según este pensamiento porque no tienen relaciones sexuales. Esta es una idea de hace treinta años cuanto menos y demuestra el poco tino del argumento del embarazo de las mujeres como política de discriminación, política que está mucho más diseminada de lo que se manifiesta.

Por otra parte hay que considerar el hecho de que por fin las mujeres pueden decir si quieren o no tener hijos. En el pasado la mujer debía casarse y parte del contrato era que tuviera hijos, le gustara o no. Hoy día la mujer que no quiere tener hijos no los tiene, con lo cual una pléyade de niños se salva del abandono elegante de sus madres y las mujeres y los hombres podemos vivir mejor.

El otro argumento que se utilizado en general respecto de la mujer es que en realidad no está interesada en hacer carrera, lo que puede ser cierto o no. Ocurre que en nuestra sociedad todavía es más probable que un hombre mantenga a una mujer que una mujer mantenga a un hombre, lo cual no es tan extraordinario como en el pasado, ni tiene que ver con la explotación de la mujer por el hombre y es además mucho más común todavía que la mujer gane más dinero que el hombre o que ocupe puestos más importantes.

Para saber si una mujer quiere o no hacer carrera hay que considerar cada caso particular y no se pueden hacer reglas generales. Cada vez más las mujeres estudian carreras que quieren luego poner en práctica y si quieren casarse lo quieren igual que los hombres, con lo que los acuerdos en las parejas son muy diferentes que hace pocos años atrás. La mujer pues puede o no querer hacer carrera, pero al igual que al hombre, hay que preguntarle.

En otro orden de ideas se ha tendido a estereotipar al hombre y a la mujer en sus roles sociales y por lo tanto en sus roles laborales. Se supone que la mujer es maternal, amable, solicita, cariñosa y cálida, mientras el hombre es violento, fuerte, enérgico, ambicioso.

Sólo Dios sabe cuánto esfuerzo para inhibirse le ha costado este esquema a las mujeres y cuánto esfuerzo por mantener la imagen le ha costado al hombre.

En realidad los estudios realizados demuestran que la mujer es amable, solicita, maternal, cariñosa, cálida, violenta, ambiciosa, fuerte —por lo menos emocionalmente—, sacrificada, lasciva, amoral, abusiva, de la misma manera que el hombre es lo mismo si se le cambia la 'a' por una 'o', escribiendo correctamente cada adjetivo.

La cuestión es personal y no genérica. Podemos decir que la mujer cobija la vida y da alimento y que por lo tanto es más esencial que el hombre, es más naturalmente profunda; podremos decir que el hombre tiene más fuerza física, está sometido a ser en función de la mujer y de hecho en muchas especies es el bello y el seductor, en general improductivo. La influencia de lo sexual en nuestra sociedad exacerba además esta situación básica.

Por otra parte estos cambios permiten que el hombre manifieste más sus sentimientos, sea menos 'macho' y más persona. Esto significa que pueda decir que le gustan sus hijos, pueda ser tierno y cálido, pueda llorar y poco a poco deja de reconocer a muchos de los homosexuales que andan por el mundo, de la misma manera que las mujeres no reconocen fácilmente a las lesbianas.

Es decir, ambos sexos han podido manifestar mejor sus sentimientos, ser más ellos, no preocuparse por que se los considere maricas —los hombres— ni machonas —las mujeres—, sino que somos personas humanas, personas tratando de hacer esto que ya de por sí es difícil, como la Vida, sin complicarla además con tanto esquema inhibitorio.

En definitiva hombre y mujer son por igual inteligentes, trabajadores, humanos y la diferencia está dada en cada persona más que en cada grupo.

Lamentablemente las cosas no están tan claras en la realidad y cada hombre y cada mujer luchan por un lugar en la organización en esta mezcla de profesionalidad y diferencia sexual.

Hoy la mujer tiene que trabajar en lugares que no ha diseñado. Los lugares de trabajo que nos parecen 'normales' no tendrían que ser como son. Podríamos aplicar algunas diferencias de lay-out y estéticas que cambiarían y de hecho cambian el ambiente de trabajo.

Este es un espacio que deberíamos permitir más a la mujer, porque además tiende a construir lugares de trabajo más agradables que el hombre, porque no se siente inhibida para aportar ciertos elementos que en un hombre no son bien vistos. Por ejemplo nadie se extraña de ver a una mujer trayendo unas flores que pone en un florero mientras que si un hombre lo hace, más de uno lo mirará como si fuera homosexual. Y como éste, podrían darse muchos otros ejemplos.

Otro hecho lamentable en la situación del hombre y la mujer en la organización es el de la presión sexual. Es cierto que hay una diferencia saludable entre el hombre y la mujer y también es cierto que existe atracción eventual entre las personas, pero no es esto de lo que hablamos aquí, sino de la presión sexual deliberada para conseguir acostarse con la otra parte.

Cuando las relaciones sexuales eran complejas, cuando las mujeres no eran muy amplias en sus actitudes, cuando no había hoteles alojamiento, uno podía pensar que los hombres en esa situación ejercieran su poder para presionar las pocas oportunidades que tenían. Eso sería solamente inmoral. Cuando las mujeres manejan su sexo con libertad, cuando estamos liberados sexualmente hay un hotel alojamiento cada tres cuadras, presionar a una persona usando la jerarquía para acostarse, es no solamente inmoral, sino estúpido.

El hombre —y ahora también alguna mujer— que lo hacen, lo que demuestran es su poca autoestima, ya que tienen que recurrir a estas trampas para alcanzar algo que podrían conseguir con cierta facilidad normalmente y lo que están concretando en realidad es un acto de violencia y así debería considerárselo.

Es obvio que esta situación produce una complicación en las relaciones en la organización en general dificultando las siempre complejas relaciones informales, pero además produce dificultades con las eventuales ventajas que obtengan las personas involucradas, aunque fueren ventajas razonables, pero que son siempre vistas con envidia por los demás y como actos discriminatorios.

Por otra parte hacer carrera en la cama como se dice habitualmente, no es tan fácil ni tan sencillo y he visto más fracasos que éxitos, porque las personas rotan en los puestos, porque no es fácil eliminar los sentimientos que terminan actuando en la relación, porque alguna parte quiere seguir avanzando en la relación, porque se producen presiones externas de distinto tipo que la erosionan.

En este campo las políticas de prevención y castigo de las empresas, en especial las norteamericanas, han ayudado, aunque no siempre han sido efectivas, porque se teme también la denuncia falsa, el uso de la política para conseguir ventajas extorsionando al otro y esto produce una nueva discriminación por el temor que ha hecho más difícil aún la cuestión.

De todas maneras no parece que este asunto vaya a cambiar demasiado y más bien se va a complicar con la aparición de más mujeres en posición jerárquica que quieran tomarse revanchas personales o contra el otro sexo, sin olvidarnos la proliferación de homosexuales que también tendrán su parte en las futuras complicaciones.

Nada de esto ayuda a la organización y supone solamente una gran pérdida de tiempo en horario de la empresa flirteando, acosando, alcanzando, programando, recriminando, haciendo las paces y en todas las danzas y contradanzas de las relaciones entre sexos.

Todo lo que se pueda hacer para ponerle coto, ayuda a la organización y ayuda a disminuir la violencia en la sociedad.

Lo que es claro en esta sociedad es que en este asunto del sexo hay un cambio de gran velocidad que en dos generaciones ha puesto a las mujeres en el centro del escenario. La relación entre dos jóvenes hoy día es totalmente diferente de lo que fue la relación hace treinta años atrás. Es deseable que esta equiparación continúe y que se pueda vivir en un ambiente de mutuo respeto, con menos machos y hembras y más personas, por muy sexuadas que sean.

Si hoy en día se valora tanto el trabajo de la mujer es un avance que no debemos minimizar. Es cierto que esta valoración se debe al hecho de que la mujer no está aún actuando al nivel que debería y hay una tendencia a que la que podría ser gerente sea jefe o la que jefe sea supervisora, con lo que son más preparadas que sus pares masculinos; es cierto también que esta valoración se debe al hecho de que la mujer se siente discriminada y pelea más duramente que el hombre. Pero cuando ambas situaciones circunstanciales desaparezcan, la mujer será valorada tanto como sea su trabajo y su habilidad, con las diferencias que cada persona pone en su actividad cotidiana.

Hay que hacer notar que la empresa que discrimine a la mujer pierde el 50% del mercado laboral. Más y más mujeres trabajan y la tendencia es a que busquen trabajo en aquellas empresas que les dan mejores oportunidades. Es decir lo mismo que hace el hombre. Cuando se hace evidente que una empresa no permite el ascenso de las mujeres o no lo permite sino hasta cierto nivel, las mujeres tienden a retirarse de esa empresa y a no presentarse a ella. La primera perjudicada es la empresa.

Para finalizar, cabe señalar que la diferencia de los sexos no cambia las motivaciones básicas. Hombres y mujeres responden a las mismas motivaciones básicas, viven el mismo mundo y las mismas dificultades, marcadas no solamente por la diferencia sexual, sino por otras muchas diferencias en lo social, en lo económico, en lo laboral, etc.

CAPITULO 8. LA EMPRESA DESDE EL PUNTO DE VISTA DEL HOMBRE

Para este tema de la motivación que tratamos de investigar y de conocer mejor, nos parece que deberíamos considerar cómo se ven las empresas, colocándonos en el punto de vista del hombre que va a trabajar en ellas. Es algo así como la contrapartida de ese mirar al hombre de la sociedad que luego vendrá a la empresa. Aquí sería tanto como mirar a esa empresa de la sociedad a la que luego irá el hombre.

Durante mucho tiempo y en distintos grados según los países y los momentos, las empresas han tenido una mala imagen. Imagen que envolvía al empresariado, en mayor o menor medida.

A la empresa se le ha echado en cara la explotación a la que sometía a la gente, luego el hecho de que ganara demasiado dinero o simplemente de que ganara dinero y luego el hecho de que contaminara. Esto no está terminado. La circunstancia de que haya desaparecido el comunismo no es en este tema, necesariamente una ventaja.

Decimos que esto no está terminado porque sigue habiendo empresas que, en términos de lo que en cada país se considera explotación, esas empresas explotan a la gente. La explotación se extiende desde esclavizar niños para extraer oro en las riberas del Perú, hasta no pagar un salario que permita una vida mínimamente adecuada, o despedir a una mujer que queda embarazada. El tema es que en cada situación se interpreta esto de una forma diferente, según lo que cada pueblo sienta que es explotación. Al mismo tiempo, en todos los casos nos encontraremos con que quien ejerce un poder que es considerado explotador por otros, interpreta su acto como un acto de lógica y de justicia. O sea el explotador difícilmente se reconozca como tal, sino que suele considerarse un progresista hombre que abre nuevas posibilidades y da trabajo.

Pero además en el mismo pueblo se mezclan casos. Así mientras se reclama contra una sutileza de nivel de salario en un tres por ciento, se admite que haya redes de compra-venta de personas —adultas o niños—, de ambos sexos, para ejercer la prostitución, las dos cosas en la misma calle.

Es decir que los hombres no tenemos muy claramente definido por qué explotación vamos a reclamar, pero sí sabemos que hay cosas que nos molestan y cosas que nos duelen y por las cuales llegamos a considerar que nos están explotando.

Por otra parte está la cuestión de la izquierda. El comunismo, el marxismo, el viejo socialismo, 'la izquierda', contenía el conflicto y lo canalizaba. Cuando alguien estaba con bronca contra una empresa se dirigía al partido tal o cual o al sindicato tal o cual y esta institución era la que llevaba adelante las tratativas. También estaba la izquierda violenta que producía desmanes y que llegó inclusive a la guerrilla Esta era una izquierda poco deseable, pero aun ésta, tenía su propio código de ética.

La desaparición de la izquierda, que tiene una enorme cantidad de beneficios para el mundo en general, modifica la situación. El hombre que tiene bronca contra la empresa, con o sin razón, no tiene una apertura social para canalizar esta bronca ya que aun los sindicatos han perdido casi todo su poder. En este momento no hay instituciones que contengan y canalicen la bronca social al estilo habitual de nuestra sociedad desde hace doscientos años.

El hombre con bronca hoy termina en la delincuencia, por distintas razones y con distintos estilos. Esta delincuencia, lo puede llevar fácilmente a la droga, si es que no ha conseguido un atajo más directo para asumir todo ese panorama de falta de pertenencia, reconocimiento e identidad, en la ayuda 'salvadora' de la droga. La diferencia es que el narcotraficante no lo contiene, no canaliza esta bronca y su sola ética es ganar dinero. La izquierda podría gustarnos o no, pero en última instancia se colocaba en la posición de la ayuda al hombre y proponía un ideario de mejora. Podría cumplirlo o no, pero no podía dejar de seguirlo en alguna medida.

De esta manera, junto a los beneficios que ha producido la desaparición de la izquierda, debemos agregar el perjuicio de que ahora a los que están marginados, con bronca, con conflictos, los recibe la droga y la droga no tiene otra ética que no sea el dinero.

Esto es peligrosísimo y sus consecuencias pueden ser más destructoras aún de lo que ya se puede ver. Esto, al mismo tiempo, aumenta la responsabilidad y la incidencia social de los comportamientos empresarios, ya que están más libres, menos o nada compensados, sin otra institución que canalice el descontento hacia la violencia.

Todo esto lo percibe el hombre de la calle, aunque quizá no pueda estructurarlo. Teme el desempleo que ya no es un tema local sino que se ha convertido en un problema estructural del mundo, por una u otra razón. Entonces lo que puede mirar en la empresa es la seguridad que la empresa le dé. La seguridad que busca es económica, pero la que está buscando al mismo tiempo es la sicológica. Busca estar no por partes, sino como un todo que es, como una persona global.

Por esto hemos visto también cómo la empresa es reconocida como dadora de empleo y como benefactora de la sociedad en que está. Como dadora de empleo la hemos visto más y más en los últimos años; como benefactora social, en los actos de agradecimiento por la entrega de algún aparato o de alguna ayuda.

Posición pues contradictoria y ambigua, donde se la ve como el lugar donde nos ganaremos la vida y al mismo tiempo un lugar donde pasan cosas que no nos gustan. Porque la relación de las personas en las empresas está llena de actitudes y de acciones que hacen daño. A veces porque el sistema nos empuja y otras porque nos gusta demostrar nuestro poder, lo cual por supuesto adornamos habitualmente con aquello de que eso es lo que corresponde. Y sin embargo es muy difícil decir qué es lo que corresponde en muchas ocasiones. Somos los unos a los otros los que aplicamos ciertas normas o los que reaccionamos de tal manera.

Esta misma situación en otra empresa cercana a la nuestra se soluciona de otra manera. Y cuando nos referimos a estas actitudes de abuso del poder, lo hacemos pensando en todos los niveles de poder y supervisión de la empresa, desde los primeros y más bajos, desde el facturista que niega información o demora papeles complicando la tarea del otro, hasta el presidente de la empresa.

Desde otro punto de vista, los hombres nos acercamos a las empresas bajo tres grandes capítulos. Por un lado están aquellos que se acercan a la empresa para ganar una cierta cantidad de dinero, pero cuya vida está centrada afuera de la empresa. Son pastores, deportistas, dirigentes, miembros de la sociedad de ayuda, amas de casa que quieren salir de la casa y en fin una gran cantidad y amplitud de personas que no están interesadas en la empresa en sí misma, sino que van sólo a ganar un dinero. Todo lo demás está afuera.

Hay otro grupo de personas que va a la empresa no sólo por ganar dinero, sino por otras motivaciones que vamos a analizar, pero que lo que quieren es básicamente hacer una carrera en la empresa. No pretenden que la empresa sea una familia, no ponen más afectos que los necesarios y aunque para ellos es válido todo lo que se hable sobre motivación, esperan una gerencia profesional que los trate como personas adultas.

Por fin hay un tercer grupo de personas que busca la empresa por las mismas motivaciones generales que veremos en estas páginas, al igual que el grupo anterior, pero que va más allá. Espera que el patrón sea su padre y que la relación sea más familiar. Al igual que los anteriores necesitan pertenecer, pero estos esperan encontrar la familia segunda (o primera), en la empresa. El estilo gerencial que requerirán será más paternalista y desde luego muy diferente que el grupo descrito en el párrafo anterior.

Cada uno de los tres grupos ve a la empresa de una manera diferente, pero los tres se enfrentan con una realidad cada vez más evidente que es que no importa cuánto hagamos por la empresa, la empresa nos dejará, indefectiblemente, a menos que la dejemos antes. Esto se ha hecho más evidente en el mundo convulsionado de las últimas décadas. Recuerdo que a principios de la década del 60 se jubilaban en una gran empresa los primeros hombres que llegaban a esa edad. Habían nacido bajo la férula de la seguridad que les dio la empresa y en los términos de la 'Familia Tal'.

La crisis fue mayúscula y si no llegó a mayores fue porque se daba precisamente a partir de un momento en que se consideraba que la empresa siempre tenía razón. Hoy la empresa, suele considerarse, no tiene razón, pero al mismo tiempo no se hace hincapié sobre esta situación ambivalente aunque conocida. De hecho, no hay manera de solucionar este problema. La empresa aunque más no sea en el momento de la jubilación, nos pedirá amablemente que nos vayamos. Antes nos puede despedir nos puede maltratar. Y aquí hay que hacer una distinción. La empresa sólo nos puede despedir. Todo lo demás se lo permitimos. Es decir que cuando nos sentimos golpeados, exprimidos, maltratados, y eventualmente lo estamos siendo en realidad, son cosas que le permitimos al otro. El otro nos grita porque le dejamos que nos grite; el otro nos exige porque le permitimos que nos exija; el otro nos presiona porque le permitimos que nos presione.

No vamos a entrar en las consideraciones de las circunstancias de cada persona. Lo que es cierto es que esta empresa ambigua que vemos, es una empresa en la que nosotros aceptamos y ejercitamos los malos tratos de que nos quejamos. El único daño que en realidad la empresa nos puede hacer es despedirnos y ésto, más de una vez, es una bendición.

Todo lo demás se lo permitimos, por mantener una posición, por lograr otra posición mejor, por lograr una ventaja, porque no nos animamos a enfrentarnos, porque tememos que el despido nos haga perder nivel de vida, porque tememos que el despido nos suma en la pobreza, caso éste el menos real y el menos habitual en quienes lean este libro. Los demás en cambio son los más habituales, en particular en el grupo de personas que está en las organizaciones a nivel jerárquico o con ciertas expectativas, que son las personas que más probablemente se interesarán por estas líneas.

Esto no justifica que se lleven a cabo tropelías, pero explica el hecho de que existen cosas inevitables y otras evitables y que cuando se dan estas relaciones, ocurre eso de los roles complementarios. Es decir, no hay pegador sin pegado, no hay explotador sin explotado. La vida no es desde luego tan fácil y la presión sicológica es tan dura como la física o peor, porque no se ve la sangre. Quien presiona a otro puede hasta convencerse de que le está haciendo un bien, lo cual puede ser así. Las fronteras entre la ayuda y el abuso pueden ser sutiles en algunos casos. Pero también debe decirse que son las menos. En la mayoría de los casos, la presión y el abuso son eso, presión y abuso.

La empresa se ve pues positiva y negativa, dadora de empleo y de poder, de posibilidad de desarrollo y de ganancia económica, benefactora social y al mismo tiempo abusadora, explotadora, contaminante, abandonante, usadora, enfermante. Quizá la clave está en cuáles son las proporciones en que se da lo positivo y lo negativo y eso, como lo ve cada sociedad, como lo ve cada persona.

En última instancia, cada uno de nosotros se forja una empresa diferente. La empresa del hombre que va a ganar dinero y que sale luego esperanzado de llegar pronto al club, es muy distinta de aquel que se preocupa porque ese día el patrón no le sonrió como siempre o del otro que se queda para poder terminar ese informe que le hará ganar sobre otro. Todas las empresas que nos forjemos son posibles y en última instancia son válidas para lo que queremos. No todas las empresas son éticas, ni son válidas para la sociedad que esperamos.

CAPITULO 9. LA CUESTIÓN DEL PODER

Cuando se trata el asunto de la motivación, se encuentra uno con la dificultad de que falta un pedazo, es como si se quisiera armar un rompecabezas sin todas las piezas, porque para la motivación de las personas en el trabajo se han dado muchos argumentos y muy ricos, pero raramente se ha hablado del poder. Este es un tema que se ha mantenido escondido por décadas y recién algunos autores se animan a mencionarlo.

El poder es malo y el poder absoluto es absolutamente malo decía alguien que se supone que fue Talleyrand. Esta es quizá la síntesis de por qué los puritanos norteamericanos tampoco tocaron el tema y lo dejaron encerrado en frases como el deseo de desarrollo o de realización. No es lo mismo y las consecuencias son diferentes. Yo no actúo necesariamente igual cuando lo que me impulsa es mi desarrollo personal o el logro, que cuando me importa el poder.

Si tomamos el poder como un hecho que le interesa al hombre tanto como para ser uno de los temas de la Historia en el terreno de las naciones y los pueblos, deberíamos agregarlo por lo menos a la lista de elementos que motivan al hombre. Y si hay una estructura de poder fuerte ésta es la organización, porque es una estructura cerrada, en la que las relaciones son mucho más obligadas y los efectos directos.

No cabe duda que el hombre está interesado en desarrollarse. Salvo alguna enfermedad suficientemente fuerte como para inhibirla, el hombre tiende a crecer, porque si no, valga la perogrullada, no crecería. Se puede argumentar que de la misma manera que hay energías que tienden a crecer en cada hombre hay energías que tienden a no crecer. Eros y Thanatos. No está en discusión. Pero de la misma manera que hoy se puede afirmar que el hombre dirige su energía hacia el crecimiento o contra sí mismo, de la misma manera no se puede negar que el hombre dirige parte mayoritaria de su energía a crecer, ya que si no crecería, no llegaría a ser adulto.

Dejamos para otro momento el análisis de cuánto es lo que se tiene que esforzar el hombre para desarrollarse, que es tanto como actuar con bondad. Toda la tendencia calvinista y sus influencias, han entintado al mundo de un aura que dice que el hombre es malo y debe esforzarse para hacer algo que sea bueno. Este constante esfuerzo lo hace meritorio, aunque luego quedaría por discutirse el tema de la libertad para la salvación final. Lo importante aquí es que el hombre, según algunos, debe esforzarse constantemente para no hacer maldad, mientras otros creen que el hombre es básicamente bueno, lo que lo lleva a realizar actos de bondad o de maldad, pero basado en la libertad y sin necesidad de un esfuerzo permanente.

Cualquiera de estos dos hombres tratará de crecer. Es más, ese que debería de esforzarse según su doctrina, ya había crecido bastante cuando pudo entender este mandato. Ningún recién nacido entiende lo que quiere decir esfuerzo, bondad, libertad y sin embargo crece. O sea que mayoritariamente el hombre tiende a hacer cosas positivas y no negativas, el bien y no el mal, más allá de las doctrinas que lo acaparan cuando es mayor.

Esta discusión sobre el impulso a crecer del hombre, me recuerda aquella escena en la que Zenon plantea con un razonamiento punzante, que la división del movimiento demuestra que en realidad no hay movimiento y entonces, se decía, Diógenes se levanta y por toda respuesta se pone a caminar.

No cabe duda que todo crecimiento significa pérdida. Cada vez que elijo algo dejo muchas otras cosas. Pero esta es una ley permanente en nuestra vida. No por eso dejo de crecer. Simplemente elijo caminos de crecimiento. No hay razón para decir que dejamos de crecer a los 24 años, porque siempre se crece en alguna área y si no es que se ha entrado en etapa de muerte. El crecimiento es la señal más clara de que un hombre está vivo, en el sentido más amplio y fecundo del término.

Este hombre que crece quiere desarrollarse, y desarrollarse implica también tener. No solamente porque ahora se lo incita en particular a tener, sino porque el hombre como parte de su inclinación a amar, entiende la posesión como parte ineludible, aunque quizá no muy amorosa, de esta emoción tan básica que es amar. Tener, poder, amar, se mezclan a partir de la base Amor de una manera que la mayoría de las veces resulta poco clara a los ojos del observador. Quien dice amar, quizá sólo quiere poseer, sexualmente o personalmente, quizá socialmente.

Pero en definitiva el que quiere tener lo hace como parte de su emoción básica de amar, seguramente en su forma menos pura, pero muy real tendencia del hombre. A veces también el hombre quiere tener como venganza, por celos, por odio, pero son las menos. En definitiva crecer, tener, significa poder.

En este contexto se tiende a hablar siempre de deberes y responsabilidades en vez de hablar de poder. Esto es incongruente. Es una forma vergonzante de la desconfianza que sólo ayuda a que el otro se sienta con bronca, se sienta rechazado y enfrentado, cuando precisamente busca lo contrario. Es contrapro• ducente y es incoherente. Si lo que quiero es que alguien tome a su cargo una parte de las tareas necesarias para llevar adelante la empresa, tengo que decírselo así. Tengo que darle el poder primero, para que con este poder pueda ser responsable luego. Ser responsable es un acto posterior a poder serlo. Primero hay que poder ser responsable y luego se será responsable. O no. Quizá se falle, quizá no se hagan bien las cosas. Pero nada sobre lo que no se tenga poder podrá ser concretado. Y si dejamos a la lucha de los miembros lo que se haga y quién lo haga, estamos perdiendo una cantidad de energías enormes en las luchas internas, cuando deberían estar dirigidas a la producción/servicio que es nuestro objetivo.

Por esto es imprescindible que dejemos los eufemismos de lado y le demos claramente establecido el poder a cada persona que ocupa un puesto en la empresa. No le estamos dando un cúmulo de responsabilidades, lo que suena a carga, a control, a negativo, sino que le estamos dando lo que realmente le damos: poder para actuar en un cierto campo de la empresa.

Algunas personas se han sentido tocadas por esta mención del poder. Algunas personas sienten que hablar de poder es poco decoroso, poco cortés, poco elegante. Algunas personas prefieren no hablar del poder porque el poder es malo. Sin embargo, el poder 'per se', no es malo. Es tan malo el poder como lo es el licor, la aspirina, el juego. Quien sabe tomar una copa de vino no debe dejarlo porque haya quien se muere de cirrosis; quien guste de lo lúdico demuestra su inteligencia y no debe sentirse mal porque haya quien se arruine al póker. Estas son algunas de las muchas exageraciones que hacemos funcionar en este siglo basadas esencialmente en la falta de criterio que tenemos.

Nuestro lenguaje se ha hecho muy simple, nuestra mente se ha hecho muy rígida. Tenemos procesos de pensamientos demasiados cerrados y saltamos con excesiva facilidad de un criterio al contrario sin tomar muy en cuenta los intermedios. El maniqueísmo de las películas de cowboys parecería estar invadiendo más y más nuestro mundo. Hay sólo buenos y malos y los buenos visten de blanco y los malos de negro. Entonces si tengo poder soy malo, porque los que tienen poder lo usan mal. Tengo que disfrazarme de blanco y negar que tenga poder, usar eufemismos, hablar de que no uso mi poder sino que seré persuasivo. Esta es una palabra mágica. No hay que usar el poder. Hay que persuadir.

Como quien toma vino o quien juega a las cartas, puedo hacerlo bien o puedo hacerlo mal, puedo hacerlo sin dañarme, puedo hacerme daño a mí y hacer daño a otros. El poder no es fácil. El hombre con poder cambia, se transfigura. Pero todos tenemos algún poder. Usarlo nos debe ejercitar cada vez más a no abusarlo. Es cierto que la palabra arbitrariedad, que suena a abuso del poder, quiere decir solamente uso de la libertad. Como antecedente es malo, porque nos está diciendo que a través de los tiempos los pueblos han asimilado el uso de la libertad con abuso del poder.

También son malos antecedentes todos los actos de injusticia o de abuso mayor y menor que vemos cada día en la vida de las empresas y fuera de ellas. El saldo no parece positivo. Y sin embargo podríamos aventurar que el saldo debe ser positivo, porque en definitiva las sociedades siguen funcionando aunque periódicamente exploten. Esto podría hacernos suponer que hay más gente que usa el poder con cierta discreción que las que lo abusan.

Quizá lo único que podríamos afirmar es que no tenemos datos. Tenemos la confirmación de que el poder es mal visto y mucha gente no quiere decir que tiene poder, aunque efectiva y claramente lo tenga. Esto es malo, porque tiende a engañar y hoy en día menos gente cae en la trampa. La reacción por tanto es negativa. Podemos afirmar también que la visión que tiene la gente del poder es negativa, quizá porque no somos capaces de enfrentar la asimetría que el poder establece y la envidia y los celos que provoca. Pero en definitiva esta mala fama del poder, es manejable a partir de la realidad de que tenemos poder, todos tenemos poder, aunque en diferentes campos o en diferentes cantidades.

Quien se queja del poder de alguien él está a su vez ejerciendo poder, el poder de manejar su ómnibus, de manejar un ascensor, de atender una ventanilla. Estos que se quejan, deben ser conscientes del poder que tienen y que ejercen, en vez de mirar siempre para arriba y quejarse del otro, porque la suma de poderes mal usados, de abusos de poder, es la que produce esa sensación desagradable de maltrato. Las personas deben ser enfrentadas con la realidad del poder que tiene cada uno en su puesto y de cómo lo usa y deben ser entrenados para atender mejor a sus clientes, lo cual está diciéndonos desde ya, que seguramente no ejercen su poder demasiado bien, aunque se quejen del poder de otros.

Es decir que el hombre es positivo y negativo, hacedor y destructor y en tales caracteres hace tanto en un sentido cuanto en el otro, pero obviamente más en el positivo que en el negativo, para que podamos ver tantos actos del hombre, en edificios, carreteras, productos, plantíos y servicios que podrían funcionar mejor, pero que funcionan. Es incuestionable que el hombre hace más cosas positivas que negativas.

Pues bien, si le damos poder a quien ocupa un puesto en la empresa, habremos conseguido varias cosas al mismo tiempo:

- Daremos un mensaje claro acerca de lo que otorgamos

- Delimitaremos con bastante certeza el campo del poder

- Estableceremos una relación en principio directa y trasparente

- Estableceremos una buena base de relación futura

- Ayudaremos a la eficacia de la organización

- Daremos reconocimiento y confianza

Este hombre habrá logrado de un golpe el reconocimiento que le era difícil conseguir en otros lados; una identidad a través de un puesto con poder propio; la posibilidad cercana de pertenecer a ese grupo que lo coloca en una posición fuerte y confiable; la posibilidad de desarrollar una actividad; la certeza del poder.

Nos habremos solucionado mutuamente varios problemas. La empresa tendrá a alguien que se sentirá con fuerza, con pertenencia, con ganas. El hombre ha alcanzado algunos de sus deseos. El problema a manejar a partir de este punto en que el hombre sigue excitado, sigue queriendo tener, sigue sin entender la Muerte y por lo tanto la Vida, sigue inerme frente a una sociedad que lo bombardea con información, sigue inerme frente a la violencia y el sexo de nuestra sociedad.

CAPITULO 10. LA MOTIVACIÓN DEL HOMBRE EN RELACIÓN DE DEPENDENCIA

Maslow es un sicólogo que trabajó sobre el tema de la motivación y ha señalado en su esquema, cómo el hombre trata primero de cubrir sus necesi• dades higiénicas para recién luego preocuparse por su desarrollo. Según este esquema, el hombre cuando pierde algunos de los elementos higiénicos vuelve sobre sí mismo, detiene su desarrollo, para cubrir nuevamente su necesidad higiénica.

A este respecto podemos señalar que uno de los grupos que conoce• mos que más obra hizo en la Historia, es el de los Apóstoles, grupo que sin tener cubierta ninguna de sus necesidades higiénicas, recorrió el mundo predican• do, sabiendo que podría ser maltratado o aún matado, pero convencido de que podía poner en marcha este motor enorme que es el cristianismo. Y los Apóstoles pusieron en marcha el cristianismo sin casa, sin sueldo, sin beneficios, sin cobertura ni reconocimiento externo, sin poder aparente.

¡Pero los Apóstoles no trabajaban en una empresa! Es cierto, los Apóstoles no trabajaban en una empresa, pero trabajaban en la empresa de llevar adelante el cristianismo. Y en este sentido se despreocuparon por todas sus necesidades higiénicas y se preocuparon solamente por su objetivo, por el ideal de su vida.

¿Cuál es pues la diferencia? ¿Por qué los apóstoles — como otros antes y después— pudieron llevar adelante una empresa tan riesgosa, sin cubrir ninguna de sus necesidades higiénicas, mientras Maslow descubre en el empleado una necesidad de tener primero completadas sus necesidades higiénicas para luego recién preocuparse por su desarrollo personal?

Desde luego que hay en lo religioso un tenor diferente que en lo comercial. El hombre inmerso en un mundo que lo trasciende, puede sentir lo religioso como algo profundo. Y ésto da pie a una cantidad casi infinita de puntos de vista y de posiciones. Cada una de las personas con quienes hablemos nos propondrá una sensación diferente respecto de la religión, del comercio, de la vida.

Y es por ésto que hemos mirado hacia la Historia. La Historia está escrita por hombres, hombres que participaron de los hechos u hombres que los analizaron en generaciones siguientes. Estos hombres privilegiaron algunas cosas respecto de otras. Tomaron aquellas que consideraron más importantes para el devenir de los tiempos, para la Historia del hombre. Aquí no es una opinión, intelectual o emocional, no es una tradición, no es un hecho aislado, sino que es la línea de relato del hombre acerca de su historia y no de un hombre sino de muchos hombres, por muchos hombres, a lo largo de los siglos.

Y cuando uno analiza la Historia, se encuentra con que los hechos que los hombres priorizan para describirlo que hace el hombre, es decir la Historia, están centrados en tres actividades: lo religioso, lo creativo y lo poderoso. En lo religioso los hombres involucramos toda actividad que tenga que ver con nuestras creencias con algún dios, desde el tótem en adelante; en lo creativo involucramos todo lo que tiene que ver con la realización de obras consideradas artísticas, a las que se suma la actividad científica, es decir la búsqueda de los fenómenos que tienen que ver con nuestra existencia en un sentido amplio; por fin en lo poderoso estamos señalando lo que tiene que ver con el ejercicio del poder o con el logro del poder, siempre en términos políticos y militares.

Esto deja en una segunda o tercera andana toda una serie de otras actividades que el hombre lleva a cabo. El hombre tiene familia o clan, régimen de propiedad y sistema social en general; el hombre es lúdico y como tal desarrolla todo tipo de actividades de gran variedad; el hombre es esotérico y como tal se enrola en actividades que no pueden ser consideradas religiosas, ya que no se refieren a ningún dios, pero que están constituidas por actos exóticos distintos a los habituales; el hombre comercia y como tal pone negocios, trafica; el hombre es viajero y busca conocer su mundo, a veces como acto de simple turismo, a veces de investigación; el hombre produce y como tal hila la rueca en la casa, instala talleres y fábricas; el hombre domestica animales, los cría, planta y cosecha; el hombre cura, da fe, trascribe, vuela, nada, construye edificios para vivir y para gobernar, educa. El hombre lleva a cabo una cantidad casi infinita de actividades en su vida. Y sin embargo en la historia del hombre se privilegian solamente tres. Todas las demás forman parte de tomos secundarios, especializados o específicos.

Este no es un hecho que deba ser tomado a la ligera. Los hombres, cuando escribimos la historia de los hombres, consideramos tres campos como los que son definitorios de esa historia. Y estos tres campos deben ser, necesariamente, los tres campos esenciales del hombre. No puede ser que haya tanta coincidencia en los hombres de las múltiples sociedades que han existido, para que sean siempre éstos los temas.

Por esto debemos colocar las cosas en su lugar, con cierta perspectiva, que no ensalza ni humilla, sino que da volumen aun a aquello que parece quedar en segunda andana, porque cuando las cosas están en desorden, nada tiene importancia, cuando se ponen en orden, cada cosa resulta de importancia relativa pero concreta, cada cosa en su área.

Ensalzar lo que es secundario a una posición primaria, es una manera de ridiculizarlo y de desvalorizarlo. Es hacer insostenibles los argumentos que se usen después, porque no tienen sustento. Colocar lo que es en su lugar, es una manera de darle valor.

¿Hacer comercio, es pues una actividad denigrante? Desde luego que no. Hacer comercio, desarrollar productos, mejorar servicios, son actividades magníficas a poco que estén hechas con honestidad y entusiasmo. Son magníficas para quien las hace y para los que lo rodean; son magníficas para la sociedad. Colocar las cosas en perspectiva no es denigrarlas, sino todo lo contrario, es preservarlas del ridículo de la comparación absurda, dándoles el valor que el hombre les reconoce. No vamos a pedirle a un grupo de comerciantes que viva como los Apóstoles y que muera por su empresa. Porque es desproporcionado al fin, es absurdo.

También he oído decir que abrir un comercio o una fábrica produce la misma sensación que pintar un cuadro o crear música. Para quienes hayan tenido la posibilidad de hacer ambas cosas, resultará evidente que la sensación de la creación artística no es comparable a la sensación comercial. Desarrollar un proyecto de producción o de comercio es envolvente, si uno se entusiasma, es atrapante, pero nunca podrá ser equivalente a la sensación de la creación artística. Proponer esta igualdad es ridiculizar frente a la gente y frente a la Historia, la actividad comercial y productiva. Un labrador es un honesto y eficaz labrador, no es Miguel Ángel. Henry Ford es un hombre que aportó con su entusiasmo a la mejora de la sociedad, hizo una magnífica obra, pero no es Einstein. Quienes han hecho esta afirmación, quizá deseen revisarla.

No estando pues en esos tres campos centrales, ¿esto implica que el dirigente de empresa está inmerso en alguna medida en la escala de Maslow? ¿O lo están solamente los empleados no jerárquicos?

 Podríamos pensar que lo que hoy llamamos empresario, tuviera que tener primero sus necesidades higiénicas resueltas antes de tomar acciones para su desarrollo. Sin embargo hemos visto cómo los comerciantes medievales corrían verdaderos riesgos para lograr su objetivo o cómo comerciantes o industriales de nuestra época vivían miserablemente para lograr el desarrollo de su empresa. Ser empresario es obvio que requiere esfuerzos que no están considerados como lo están los que hacen los artistas o los religiosos o los poderosos, pero también es cierto que están efectivamente considerados y que se les da publicidad y reconocimiento.

La actividad del empresario se ha hecho en esta época más conocida y su aporte ha sido mucho más aceptado que en el pasado. El hombre que ganaba con el dinero en la Edad Media era mal visto; y no fue mejor visto más tarde. Un hombre de dinero era sospechado, porque se suponía que no se podía hacer dinero con el interés del dinero, lo cual denigraba toda la actividad económica 'per se'. El protestantismo le puso más color a la cuestión, al considerar que todo esfuerzo debía ser emulado y premiado. Y así fue como el esfuerzo por hacer dinero también fue emulado y premiado. Por eso la Revolución Industrial se desarrolla en áreas protestantes.

Superada esta etapa de cristianismo antiguo, que aún queda en la mente de más de uno de nosotros, se reconoce que el empresario abre nuevas perspectivas a la sociedad, da empleo, produce bienes en mayor cantidad y con calidades hasta hace poco impensables, comercia a más lugares y en cantidad mayor y en fin, desarrolla tal actividad que hace que haya mayor competencia y por lo tanto más bienes más baratos y por lo tanto para más personas. Este beneficio que todos gozamos es debido a los pensadores, y lo toman los artistas y los científicos, más tarde esto le llega al diseñador y al técnico y se concreta en el producto, en el servicio, en el packaging, que nos llega en cantidad y mejorando el precio y la condición, impulsando el desarrollo de las personas y de los mercados, porque en definitiva, todo esto es inseparable.

Esta es la obra del empresario y es por eso que no es pensable nuestra sociedad sin la acción permanente de los empresarios y de las empresas. Nuestra sociedad está basada en los puntos más esenciales de su vida en el empresariado y ésta es una virtud y una responsabilidad que le cabe al empresario.

No sólo la creación de riqueza es una responsabilidad y una virtud que tiene el empresariado, sino que lo es también la paz social. El estilo de gerencia, la manera en que las empresas se manejen, tiene un efecto enorme en la sociedad y es capaz de producir diferentes reacciones, muy distintas, dependiendo de la manera de hacer las cosas en las empresas. De hecho hay que recordar que el sindicalismo y el comunismo no son sino efectos de la manera en que los empresarios manejaron en términos generales la revolución industrial. Y este ejemplo extremo tiene otros menos extremos pero no por ello menos reales tanto en un sentido, cuanto en el otro. En una sociedad donde el poder contradictorio del sindicato y de la izquierda en general, está dejando de existir, aumenta la responsabilidad del empresario por no crear condiciones tales que resulten en nuevas explosiones sociales que esta vez serían peores, porque no tendrían ningún continente que las limitara.

Pero la persona que está empleada por este empresario, el que no siendo dirigente del primer nivel, está en otra posición, queda dentro del enunciado de Maslow. El no puede sentir lo que el propietario, él no está llevando adelante una aventura de riesgo más allá de vivir. Y ser empleado no es ser uno de los Apóstoles.

Por eso la escala de Maslow aquí toma una vigencia real, con ciertas limitaciones que señalaremos más adelante, porque ser empleado de un comercio no es ser Apóstol ni conquistador, ni empresario.

O sea que ser el empresario y dirigente de empresa, no es una actividad central de la Historia, es, sin embargo, una actividad de importancia en la sociedad actual, y el empleado de ellos es un hombre que está en una situación distinta, en el centro de la escala de Maslow.

En esta sociedad de empleados el efecto señalado por Maslow se magnifica, porque hoy existe un desempleo que es ya endémico. Las consecuencias personales y por lo tanto sociales del desempleo son gravísimas. En Estados Unidos, donde estas consecuencias se han medido, se ha llegado a la conclusión de que el desempleo aumenta daños como la artritis, la cirrosis, la hipertensión y todas las enfermedades relacionadas al stress que son cada día más. Pero además cada 1 % de aumento de desempleo aumenta la tasa nacional de suicidios en un 4,1%, los asesinatos en un 5,7%, la población en prisión en un 4%, la internación en sanatorios mentales en un 4,3% en hombres y un 2,3% en mujeres; le cuesta al seguro social 3,4 mil millones de dólares anuales, denotándose que el desempleado es el primero en la lista de casos de abuso de hijo y que el 75% de los desempleados se divorcian antes de 9 meses de desempleo. Este es un tema de la sociedad, es un tema de la economía, pero es también un tema de la empresa

CAPITULO 11. LA MOTIVACIÓN

¿Cuál es, por fin el motivo del hombre que trabaja en relación de dependencia? Es evidente que no es uno sólo, es evidente que es complejo.

El hombre que trabaja en relación de dependencia busca en su trabajo que se cubran esos elementos que no encuentra en la sociedad, aquellos elementos fundamentales que antes encontraban en su barrio y que ahora se diluyen en la nueva geografía de la ciudad.

Pertenencia y reconocimiento son elementos que buscará el hombre en la empresa y que la empresa tiene que estar consciente de ello para darle respuesta.

Ser sí mismo ya nadie se lo podrá dar, porque en el sentido de ser reconocido porque sí, sin condiciones, esto ya lo habrá perdido para siempre. Por lo menos a nivel social. El hombre podrá ser querido porque sí, por algunas personas. Es decir podrá ser querido como se debe querer, como es el amor, sin condiciones. Pero a nivel social esto se ha perdido y el hombre lo buscará en la empresa, porque es un desesperado del cariño, pero la empresa no puede pensar en dárselo.

De todas maneras el reconocimiento y la pertenencia serán suficientes para este hombre en la empresa.

Para ellos hará cosas como hacer méritos, sin entrar en detalles de lo que esto quiere decir, porque es diferente en cada organización. En alguna empresa hacer méritos será cumplir con el plan, en otras será decirle al jefe todos los días que es genial. Estas u otras cosas buscará el hombre para lograr reconocimiento.

Para lograr pertenencia será el bueno de la película, organizará torneos, aceptará las reglas del juego, tomará los eslogans de ponerse la camiseta. La necesidad de pertenencia hace que el hombre adhiera a ciertas actitudes de la empresa, que no aceptaría de otra manera. Y aunque no tenga reconocimiento, puede abonar esta pertenencia en tono mayor y hasta el quiebre personal, publicando y sintiendo que él es lo que la empresa significa y no lo que en ese momento la jerarquía esté imponiendo. Las viejas guardias son un caso típico de este fenómeno. Las viejas guardias sostienen la tradición e insisten en que la empresa es de cierta manera y no como los nuevos en la jerarquía quieren. Lo que están haciendo es defender su pertenencia, el ser parte de aquello que se quiere cambiar, porque sino ellos perderían su pertenencia.

Estas dos necesidades unidas son las que hemos visto actuando en personas y en grupos de empresas, que luego de una crisis, más allá de la protesta, han hecho un giro de 180° para enfilarse nuevamente como los grupos o personas 'fieles' a la empresa. Esto se interpreta de distintas maneras. El gerente interviniente lo adjudica a su habilidad para manejar conflictos; el gerente no interviniente a la blandura de la gente que en el fondo son niños que hoy gritan y mañana adhieren; el de otros, que son personas o grupos en las que no se puede confiar, porque hoy te embarcan en una y luego te dejan pagando. Lo que ninguno de ellos acepta es que no se puede vivir en un lugar sin de alguna manera pertenecer y es muy difícil vivir sin ser reconocido. Estas situaciones de falta de pertenencia o de reconocimiento, pueden aceptarse en el corto plazo, pero no se sostienen en el mediano y menos aún en el largo plazo. Las personas aceptan de buen o mal grado momentos de crisis, pero luego quieren vivir según ciertos parámetros y en estos parámetros están incluidos los sentimientos de pertenecer y de ser reconocido.

Aun en los casos donde alguien maltrata a otro, ese maltratar es tomado por el maltratado como una forma de reconocimiento. Es cierto que esto supone un cierto nivel de enfermedad, pero a estos efectos, el reconocimiento por maltrato, es y ha sido aceptado como tal por infinidad de personas en el mundo. Cuando nos encontramos frente a un caso de maltrato en cualquiera de sus casi infinitas modalidades, frente al maltratante hay una persona que entra en ese juego, que adopta la posición del rol complementario necesario para que se pueda producir la situación. Lo cual aunque no justifica la situación, la explica. Y la explicación está más cerca de la necesidad de reconocimiento y de pertenencia que de las necesidades económicas, lo cual de todas maneras puede existir.

Ahora bien, si la gente tiene tanta necesidad de reconocimiento y de pertenencia, ¿por qué no son mayores los casos de explotación o porqué hay conflictos? Los conflictos deberían ser mínimos o inexistentes y los casos de explotación, mayores.

Por de pronto las jerarquías tienen una cierta tendencia a seguir profundizando sus conductas en tanto no encuentran enfrente un conflicto que los detiene. En algunos casos es costumbre, en otros es patológico, pero la tendencia es a profundizar esas conductas. Por eso siempre se tiende a llevar el nivel de conflicto hasta niveles de crisis.

Por otra parte no sabemos cuánta explotación hay, cuánto maltrato. No hay estadísticas sobre esto tan relativo que es el maltrato, porque si bien se estudian los casos extremos, hay una enorme cantidad de malos tratos intermedios que hacen daño, pero que no son tomados en cuenta. No se toman en cuenta estos casos, por dos razones básicas: por un lado, la gravedad de los casos más graves, como los niños explotados o las regiones explotadas o alguna forma de trabajo contaminante, toman el centro de la escena y opacan los otros casos de falta de cumplimiento de contrato, salarios bajos, abusos horarios, etc. Por otro lado cada sociedad ve de maneras diferentes estas situaciones.

En Suiza o Alemania, la exigencia de respeto es mayor que en Uganda o El Salvador. También son distintos los niveles de eficacia y de entrenamiento de las personas. Había un viejo dicho conservador que decía que a los hombres no había que entrenarlos para que no 'se avivaran'. La ignorancia ayuda a que las normas sociales sean más permisivas y la explotación entonces será mayor.

Por eso cuando nos ponemos a hablar de maltrato, no sabemos cuánto hay, no sabemos cuánta explotación hay, aunque hoy ya podemos estar seguros que hay mucho maltrato en el mundo y en nuestro país. Esto nos lo permite avizorar la estadística que existe, la noticia sobre ciertas situaciones que se plantean en un momento aunque después no se hable más del tema, la observación de la manera en que se contrata. Y toda esa gente acepta la situación, en los casos más graves de violencia física, por temor a esa violencia física ya actuada anterior• mente; por necesidad económica ante la falta verdadera de empleo en la zona y por fin por esta necesidad de reconocimiento y pertenencia de que hablamos, que hace que a veces quien podría, no se escapa, quien debiera buscar otro empleo, no lo hace, con lo cual está aceptando actuar ese rol complementario, en el terreno donde el rigor físico o la necesidad económica, han terminado.

El maltrato o la explotación siguen hasta el límite donde los detengan las convicciones morales de la jerarquía; inmediatamente lo acota el nivel de personalización o de reacción del inferior en la jerarquía, es decir el subordinado. Y no es gratuito que la palabra que se usa sea la de subordinado, es decir "la persona sujeta a otro o dependiente del otro" (Diccionario de la Real Academia), que no es el sentido del empleado de la empresa de hoy día.

O sea que el hombre es capaz de hacerle daño a otro hasta cierto punto. A partir de cierto punto, en cada persona diferente, se produce la imposibilidad de continuar dañando. Por el otro lado cada persona puede aceptar castigo hasta cierto punto. A partir de cierto punto se quiebra (enfermedad, suicidio, insania), o reacciona defendiéndose de diferentes maneras. Así se establece el equilibrio, que en cuanto tal no es necesariamente equitativo ni respetuoso. Es solamente una forma de equilibrio.

Por todo eso vemos cómo las personas aceptan algunas cosas que parecen inadecuadas, por eso vemos que luego de un conflicto, intentan volver a la antigua relación o aún que están en permanente pelea con la jerarquía, pero sin irse. Pensar en la posibilidad de abusar de esta característica de las personas, se hace intuitivamente y se maneja cada día. Se pierden muchas energías aun antes de llegar al conflicto, porque se pierden energías en los defectos de coordinación que se producen en un grupo de personas que reciben malos tratos o que son explotadas durante el conflicto y en las infinitas revanchas que se toma la persona maltratada. Pero muchas personas prefieren este camino.

La necesidad de pertenencia lleva consigo la necesidad de seguridad que el hombre le ha pedido a la empresa, especialmente en momentos de mayor convulsión, como se la pedía a la sociedad o a la familia que lo contenía. Pertenecer es estar en un lugar. Y cuando se está en un lugar o en una relación, se quiere cierto compromiso de los demás de que uno se va a quedar. Las relaciones momentáneas no producen pertenencia, el paso furtivo por una institución no desarrolla pertenencia. Tiene que haber lo que en otros términos se describe como 'afecto societatis', es decir la intención, el deseo de quedarse, de formar parte. Y para formar parte, hay que ser dos. No se puede formar parte uno solo.

La pertenencia que ya no existe en otros ámbitos, es paralela a la falta de seguridad que dan esos ámbitos y de la misma manera el hombre trasfiere ese requerimiento a la empresa. Por eso, esa creciente reclamación hacia la empresa en este sentido. Y sin embargo esta sensación se hace cada vez menos sólida. El hombre advierte que las empresas no dan seguridad, no solamente en la continuidad en el empleo, como alguna vez se requirió, sino aun en tiempos menos convulsionados, en la simple seguridad en el empleo en tanto uno cumpla su trabajo.

Los tiempos han cambiado y la seguridad apenas si puede compro• meterse. La única seguridad que se puede dar es la de ser equitativo en caso de inseguridad y ésta, hoy, es suficiente. Esto significa que no se hacen despidos arbitrarios y que en caso de problemas de mercado, se seguirán ciertas normas básicas habituales, luego de buscar las soluciones más convenientes a ambas partes.

Pero esto no es lo que se aplica en nuestros días. El aumento de la competencia y la noción equivocada de que la competencia interna ayuda a la empresa, hace que las luchas en las organizaciones sean en muchos casos terribles. Nada se respeta, nada se toma en cuenta. Algunas películas han tratado de llamar la atención sobre esto (El crimen perfecto, de Michael Caine, es un buen ejemplo), como parte de la contestación social al peligro que supone esta situación.

Si las empresas no pueden dar ya muchas de las cosas que las personas necesitan, pero a esto agregan la falta de las cosas que podrían dar, el daño que reciben las personas es más alto y entonces esta inseguridad extrema, en una persona que tiene problemas de reconocimiento, de pertenencia, de soledad citadina, es disparadora de una cantidad de acciones que son difíciles de prever, porque en cada caso son distintas, pero que son las de una persona que está muy atacada.

Estas personas reaccionan, en un cierto punto, con esta misma violencia que sienten, contra sí mismos o contra los demás. En este proceso hay una gran cantidad de agresiones contra sí mismo y contra los demás y contra la empresa, que no ayudan a nadie.

No es difícil establecer una política de seguridad en el empleo como la que enunciáramos y sin embargo no se hace, se prefiere dejar en manos del supervisor el poder de accionar el botón que traerá problemas a todos. La base para una política de estabilidad son la evaluación de desempeño en estándar y no robar (u otro delito similar contra la empresa). El cambio tecnológico o los problemas de mercado pueden obligar a reducir personal y esto es hoy un hecho que se acepta. Pero aun ésto se puede hacer atenuando el daño.

En el fondo la seguridad ya no se puede dar, lo que significa que el tema no tiene solución, es decir, todas las personas tienen hoy que convivir con esa cierta sensación de inseguridad. Lo que la empresa puede hacer es lo que hace muchas veces: agravar la situación en vez de mejorarla.

El siguiente aspecto que habrá que tener en cuenta será el de la remuneración. La remuneración no es motivadora sino en períodos muy cortos y es desmotivarte en ciertas circunstancias. Así que cuando se habla de motivación bueno es mencionarla contrapartida, porque si no se nos puede ir el agua por el agujero sin darnos cuenta.

El tema de la remuneración no supone simplemente pagar mucho. La remuneración tiene tres condiciones que son importantes sucesivamente:

1 - Debe alcanzar a cubrir las necesidades básicas de la persona.

2 - Debe estar basada en comparaciones internas adecuadas.

3 - Debe estar dentro del mercado.

Es decir que primero la remuneración debe hacer que el empleado sienta que su trabajo le produce el efecto de tener cubiertas necesidades que él considera esenciales. Esto está fuera de toda estadística o consideración. Tiene que ver con cada persona, con cada región, con cada momento histórico. Lo que es bueno para uno no lo es para otro, lo que es bueno en una zona no lo es en otra, lo que es bueno hoy no lo será mañana. No hay reglas fijas para eso.

El segundo punto en importancia no es la comparación externa como todo el mundo tiende a creer, sino la comparación interna. Los celos son más activos en lo interno, porque éste es el hombre que está a mi lado, es el que conozco, con el que compito. Para eso hay que tener una evaluación de tareas hecha. No importa el tamaño de la empresa, hay técnicas para todos los gustos y tamaños. La cuestión es que el tema esté depositado en una técnica tercera, y no en la persona del gerente arbitrario que ha hecho esta diferencia que yo siento y por la que entro en conflicto.

El tercer punto es que la empresa pague remuneraciones no muy diferentes que las de mercado. Esto es de una gran relatividad. El mercado que los técnicos podemos señalar, no es necesariamente el mercado que mira la gente. El mercado técnico es aquel con el que se compite para lograr gente. El mercado con el que compite la gente es el de la familia, el de la vecindad, el de las amistades.

Podemos asegurarnos el conflicto si pagamos el 50% de lo que paga el mercado en la zona. Podemos asegurarnos el éxito si pagamos el 50% por en• cima de lo que paga el mercado en la zona. Se dice que menos de un 15% de diferencia no se siente, no solamente en remuneraciones sino en cualquier tema. Pero la cuestión es un 15% de qué.

Porque el 'mercado' de muchas empresas en el país es 'hablar con los amigos1, una ronda telefónica con el propietario o el gerente de un par de empresas amigas. Esto si pudo tener alguna virtud en plena inflación, no sirve en estabilidad. Es fundamental tener algún tipo de encuesta que nos de ciertos datos, con toda la relatividad que los datos suponen, pero que sean una manera más profesional de enfrentar el conflicto y nuestros costos.

Así pues el hombre busca en la empresa dinero para vivir y enseguida cubrir esa necesidad de pertenencia, reconocimiento y seguridad.

A partir de allí, pero no sucesivamente, el hombre quiere crecer. Y decimos que no sucesivamente, porque hemos conocido demasiados casos de personas que se preocupan por su desarrollo sin tener cubiertas necesidades que para otros eran esenciales. Entonces, podemos acordar con Maslow, o no, la secuencia por la cual una persona busca completar primero sus necesidades higiénicas y luego sus necesidades higiénicas y luego sus necesidades de desarrollo y que cuando aquellas le faltan deja el desarrollo y vuelve al esfuerzo por cubrir sus necesidades higiénicas; y que sólo cuando las cubre recomienza su trabajo de desarrollo personal.

Pero esto lo acordaremos solamente sobre la base de que no hay una ley universal, ni siquiera una ley social global que establezca cuáles son las necesidades higiénicas. Cada persona siente de una manera diferente cuáles son estas necesidades y actúa de acuerdo con ello. Para algunas personas es imprescindible tener aire acondicionado, para otras es imprescindible tener calefacción, para otras no. Y así sucesivamente en cada cosa, en cada elemento que se nos ocurra, las escalas son diferentes y cada persona reacciona de una manera distinta.

Además depende del estímulo. Cada persona tiene no solamente una escala diferente de valores higiénicos, sino que tiene además una escala de valores motivantes diferentes. Hemos notado ya que ciertas actividades son más motivantes para los hombres que otras. Hemos advertido como la religión, la creatividad, el poder, llaman más a actuar y a hacer sacrificios que las demás actividades humanas.

Esta es la otra cara de esta moneda que estamos considerando. Una persona estará dispuesta a sacrificar más de estos elementos higiénicos que clasificara Maslow, si el estímulo que se le presenta es más atractivo, cualesquiera sean las razones de ello. Podrá ser Dios, la creatividad o el poder o podrá ser el interés por viajar o el interés por hacer dinero. Cada persona tiene escala de valores diferentes también respecto de estas motivaciones.

Lo único, pues, que podemos decir en términos de la búsqueda de crecimiento es que esta búsqueda quedará cancelada en los términos planteados por Maslow, según cuáles sean los valores de cada persona respecto de esos valores y eso enfrentado con cuáles sean los valores que esa persona tenga respecto de los estímulos que se plantean en cada caso.

Así cada persona encuentra en cada uno de los guiones teóricos de los puntos de encuentro, aquel en el cual la situación de los elementos higiénicos alcanzan su nivel crítico. Cuanto menor sea la fuerza del estímulo motivante mayor será el requerimiento higiénico. Los Apóstoles, frente a la tarea de llevar el mensaje de Cristo, no tenían requerimientos de valor higiénico. Su requerimiento se podría clasificar como de 0; en cambio un gerente que tiene que viajar al exterior tendrá que ir en primera clase o en intermedia, con autos que lo esperan, en hoteles de 4 ó 5 estrellas, con cuenta de gastos abierta hasta un nivel amplio.

Y esto no es una regla social ni siquiera en un momento o región, sino que es una decisión de cada persona, que desde luego está referida a cada momento histórico y a cada región, pero que es definida por ella. Aunque Herzberg llegó a ciertas conclusiones respecto de cómo incidían en realidad los factores higiénicos y los motivadores en distintos países, no se llegó al punto de reconocer la enorme flexibilidad que esto supone. Si, por ejemplo, los factores motivadores son más motivadores en Japón que en Italia o Sudáfrica, no se hace la aclaración siguiente que es que eso era así en ese momento y con esos grupos-promedio. Toda vez que cambiemos el tiempo de medición o el grupo, encontraremos ciertas diferencias. Pero, aun más, si se muestra a una persona en particular. A través del tiempo esa persona estará dando un perfil diferente, que puede estar entre los parámetros de la muestra o no. Las investigaciones dan líneas generales, pero no nos enfrentan con el hombre real que tratamos cada día en nuestra empresa. Este hombre es particular y debemos tomarlo en cuenta para analizar su posición, en tanto único, sino, si le aplicamos ciegamente parámetros, estaremos equivocándonos en la proporción de los tiempos y de los grupos que se hayan analizado respecto de él.

Así, pues, el hombre busca crecer a partir del hecho de estar vivo más allá de sus necesidades higiénicas. Y es importante que hagamos hincapié en el hecho de que el hombre crece a partir de estar vivo. Porque cuando hablamos de la motivación de desarrollo del hombre en la empresa, esto es válido solamente porque está basado en el hecho incontrovertible de que el hombre no bien nace empieza a crecer y sólo a partir de cierto punto pierde esta tendencia y muere. La necesidad de crecimiento del hombre está orientada en el sentido de que en cuanto bueno, el hombre actúa positivamente, rodeado por sus falencias, que son en definitiva las limitaciones a su ser.

Un hombre es un ser relativo, es decir, no absoluto. El hecho de que sea bueno básicamente, no niega el hecho de que lo es limitadamente. Quiere crecer, pero no podrá crecer sin límite ni aún con ritmo sostenido; quiere amar, pero no podrá hacerlo de una manera permanente ni sostenida. De la misma manera cuando quiere odiar, su bronca tampoco podrá ser permanente ni sostenida y cuando tiene celos tampoco podrá tenerlos de una manera permanente y sostenida. Todos los hombres somos oscilantes y limitados. Este hecho de nuestra relatividad hace que aunque queramos crecer en la empresa, nunca podremos hacerlo de una manera permanente y sostenida.

Esto no es negativo en sí mismo, sino un dato de la realidad. Los hombres no tenemos todos la misma inteligencia, ni la misma habilidad, ni el mismo tesón; ésto hace que en la empresa haya una gran variedad de seres humanos. Esto es bueno, por muchas razones. En primer lugar esta variedad es la que enriquece los puntos de vista y las alternativas que se plantean. Además hace que no todos tengan alto potencial, lo que produciría un amontonamiento por la lucha en la cúspide con graves problemas de crías. Permite que haya personas con intereses en otros lados que vienen a la empresa a trabajar honestamente sus ocho horas y que son una base enriquecedora tanto por el trabajo que sirve de sostén, cuanto por los puntos de vista más distintos aún que pueden plantear. Hace que todas las personas se tomen sus tiempos y sus descansos y esto es bueno para cada uno y para el conjunto donde se dan especies de relevos no programados. En fin, la diversidad de los seres humanos en sus estímulos de crecimiento es la base para que las empresas puedan lograr mejores resultados a poco que adviertan este hecho y lo aprovechen adecuadamente.

La riqueza de la variedad y de la mezcla de los elementos higiénicos y los de desarrollo en proporciones propias de cada uno y diferentes, nos plantean una riqueza muy superior al planteo del hombre esencialmente malo que debe esforzarse para ser bueno, para hacer las cosas bien. Como ya hemos señalado anteriormente, fue la Reforma y básicamente Calvino quien introdujo este concepto, que, adoptado por algunas sociedades, fue un puntal en la Revolución Industrial que privilegió el esfuerzo a la coordinación o la solidaridad. Así fue como Inglaterra resultó pionera y no por casualidad de la Revolución Industrial, Otro imperio, con otra ideología, hubiera rechazado estos mecanismos y lo hubiera hecho de otra manera o no lo hubiera hecho.

Cuando pensamos en términos de motivación, la consideración de una persona que hace su propia mezcla personal, consciente o inconscientemente, entre lo que quiere como respaldo higiénico y lo que quiere desarrollarse, nos plantea una situación muy diferente que aquella del hombre que solamente puede esforzarse, sin que eso sea lo requerido o no. Ambos quieren crecer, pero lo condicionan de maneras diferentes, no podemos hoy tener la aparente seguridad de planteo que existía hace treinta o cuarenta años atrás.

En este campo del crecimiento personal, hay que señalar también que un exceso en el premio económico produce una posible ruptura de la motivación. Lo que importa en la motivación es que se logre la motivación interna, es decir el compromiso de la persona y no la motivación externa. La motivación externa tiene una curva de desgaste muy rápida y debe ser estimulada otra vez, cada vez de manera más creciente. Este es un elemento de la sicología al que no se suele dar la debida atención en las empresas y que es muy importante. La motivación se ha asentado en términos generales en temas tales como el dinero, las comodidades, las cosas. Este tipo de motivación está requiriendo permanente• mente un esfuerzo cada vez mayor que hace que la demotivación sea en definitiva la regla.

En el terreno de la remuneración el tema se ha vuelto más candente, por las tendencias de pago que están en boga. Cuando una persona recibe un premio excesivo por una tarea realizada, cualquiera sea ella, en cualquier aspecto de la vida, le ocurren una de dos cosas: tiene bronca contra quien se lo da o pierde interés en lo que hacía. Lo primero, porque se siente humillado por el exceso. El estaba haciendo algo porque le parecía importante, interesante. Viene alguien con mucho más poder y se lo tira por la cabeza. Le da bronca.

La segunda reacción es por lo mismo. El estaba haciendo eso porque le parecía importante, interesante y viene alguien y le da un premio excesivo por eso que él hacía naturalmente. Esto le hace pensar que lo que estaba haciendo necesitaba un premio muy grande para ser hecho, porque no era algo tan importante per se. Entonces el hombre pierde su motivación interna y empieza a trabajar por el premio que le dieron y el próximo que exigirá. Pero su curva de interés ha caído y su curva de desgaste es muy corta.

Esta es una observación que se ha hecho en sicología, no específicamente en lo laboral sino también en lo laboral. Es una actitud del hombre en general y no se ha tomado en cuenta debidamente en el campo laboral. Por eso, cuando se dan gratificaciones es bueno que tengan cierta proporción con la remunera• ción habitual y con lo que se paga en el mercado. Si no estaremos desmotivando a la gente y creando un tigre cebado.

Dejando este tema por el momento, analicemos la motivación desde otros puntos de vistas más básicos, más elementales:

Todo ser humano tiene ciertos instintos básicos de supervivencia de la especie y luego ciertos sentimientos que les son comunes a los animales superiores. Amar, odiar, celar, envidiar, temer, son temas comunes a todos los hombres. Y el amar es seguramente el motor mayor. Porque si no fuera así, aun en sus formas menos puras, no habría tanto hecho y tan poco destruido. La proporción de cosas hechas, de edificios y caminos, de instituciones y familias, que existen, es muy superior a la de las destruidas. Incluidas todas las estadísticas escandalosas que se quieran exhibir. Sino no tendríamos sociedad.

Claro que amor no siempre significa ese entregarse puro sobre el que podríamos meditar largamente. Muchas veces la palabra amar está unida a la palabra tener. Poseer se usa inclusive como una manera amable de describir el acto sexual. Quien mira su colección de algo, la ama, la posee. Tener, poseer, amar. Poder. Todo esto significa no solamente estar en condiciones de, es decir, poder, sino que significa más específicamente actuar un poder determinado que permita acceder a lo que se desea y mantenerlo. Amar y luego quizá tan sólo poseer, tener, significa siempre poder en cuanto posibilidad de acción y en cuanto detentación.

Otro elemento importante de motivación en el hombre es lo lúdico. Todo ser inteligente cuanto más inteligente es, más se divierte jugando. El juego, lo lúdico, es esencial para la tan mentada creatividad y para el crecimiento del hombre. Desde luego que son pocos los lugares donde haya centros de investigación que permitan al hombre trabajar en este sentido.

Pero la posibilidad de experimentar es importante y cada uno en su puesto podría hacer quizá algo de esto. Será muy poco, es claro. No se puede cambiar la empresa cada día en cada puesto. Pero saber que estas cosas se aceptan y que si se trae algo nuevo no se rechaza o va a cientos de comités de análisis, que se contesta, que se da lugar real al cambio, es una actitud que abona este campo que es un campo fértil.

Por fin, es parte esencial del hombre la necesidad de trascender. Hemos tratado el tema desde lugares cercanos, al considerar el problema que le plantea al hombre su vida, el crecimiento que inicia desde que nace y esta búsqueda de tener y de poder, que es una manera de dejar señales de su paso por el mundo. En última instancia cada uno de nosotros se obstina por permanecer en la Tierra. Claro está que todos sentimos los múltiples daños de esta Vida. El monólogo de Hamlet, no es solamente una duda existencial sino un clamor por la vida a pesar de las angustias, de los malos tratos, de las privaciones. Cada uno de nosotros tiene un impulso a evitar la Muerte.

Por más que sintamos que existen fuerzas destructivas, por más que se nos planteen intelectual y emocionalmente los impulsos de Eros y Thanatos, en definitiva es Eros quien lleva la delantera, ya que si así no fuera no habría mundo. Son más las energías que se concretan en construir que las que se concretan en destruir, más allá que los medios de comunicación nos hagan notar más los daños que las construcciones.

Pero la cuestión no es solamente que elegimos vivir, el centro del tema no es que por fin es la Vida la que cada día concreta más logros que la Muerte, sino que el centro en este tema es que hay una sola cosa de la que podemos estar seguros a partir del momento en que estamos vivos: esta única seguridad es que moriremos. Los antecedentes de Jesús y de Elías, para quienes creen, son apenas un ínfimo porcentaje que no se puede tomar en cuenta para nuestras circunstancias personales. Para quienes no creen, ni siquiera hay antecedentes.

Por esto, si nos detenemos a pensar en la fuerza que la Vida precisa para seguir adelante a pesar de los múltiples obstáculos que el mundo nos pone por delante, no dejaremos de maravillarnos por el hecho de que siga adelante a pesar de todo. La fuerza de esta Energía es notable. Por esto también es razonable que en esta inercia que es vivir, la Energía quiera permanecer. Es absurdo para una Energía de tal fuerza, una Energía que sea capaz de sobreponerse a tantas dificultades saber que está destinada a no ser.

Esta contradicción con la que vivimos todos, es uno de los ejes de nuestra vida. Es parte cotidiana de nuestra vida tratar de salir adelante y ese tratar de salir adelante significa por fin dejar nuestras marcas. Ante la cercanía de la muerte esta situación se exacerba. El pobre intenta trascender a través de sus hijos y por eso va dejando niños por el mundo. El que tiene menos barreras personales, lo hace por la destrucción: ya que no puede obtener el recuerdo por lo que ha hecho, lo busca por lo que ha destruido, por lo que ha robado. En definitiva el que mata busca dejar su marca en el recuerdo de los hombres.

Puestos en esta contradicción vital esencial, cual es la de ser una Energía de gran poder que tiene conciencia de que dejará de ser, el hombre hace todo tipo de esfuerzos para quedar en la Tierra. La fuerza que hacemos es irracional, o es racional o es grupal, es técnica o nacional. No hay forma que los hombres no hayamos probado para lograr trascender. Hacemos hijos, hacemos comercio, pintamos un cuadro, plantamos un árbol, conquistamos un territorio, ideamos una religión, batimos récords, matamos, robamos, quemamos.

¿Cuántos hombres trascienden y por cuánto tiempo? Estadísticamente la cifra es mínima y los tiempos por los que nos recuerdan son ínfimos. Pero esto no nos amilana y seguimos intentando ser ese pequeño porcentaje que será recordado y dentro de este, ese otro mucho menor aún, que será recordado por cien o por mil años, aunque el probable millón de años que lleva el hombre en la Tierra, haga aparecer esa cifra, también como mínima y ridícula.

Mirado en perspectiva, es evidente que este esfuerzo del hombre por trascender, tiene ribetes trágicos y es obviamente inútil. Pero ni éste ni ningún otro razonamiento nos detendrá en este impulso. Este es un impulso fundamental y cuando decimos que somos reconocidos, en última instancia estamos colocan• do una piedra en el monumento a nuestra trascendencia. Nos importa el reconocimiento en tanto seres sociables, pero nos importa más profundamente la trascendencia en tanto Energía en marcha. Por esto, por detrás y en el fondo de cada acto de reconocimiento está la eventual trascendencia que ese acto supone para quien es reconocido.

Por esto es de la esencia del ser humano que pueda llevar a cabo acciones en la empresa que le permitan sentir que está trascendiendo. Esto ocurre de una manera diferente para cada uno. Pero de la misma manera que para mi amigo el asesor presidencial, ver por el país la idea que le había esbozado al Presidente, le producía un enorme placer y una enorme sensación de poder y de permanencia (o sea de trascendencia), de la misma manera, a un empleado, cambiar un formulario le produce una sensación similar.

El nuevo formulario que recorrerá la empresa será la señal de lo que él ha hecho, de sí mismo. Es como un hijo, es algo que es nuestro y que es reconocido por los demás, es por fin una marca que dejamos. Lo que para nosotros puede ser poco, para otros es mucho. Lo que para nosotros puede no importar, para otros es fundamental.

CAPITULO 12. EL PROYECTO MOTIVADOR

¿Qué es lo que hemos señalado hasta aquí en materia de motivación? Ocho elementos fundamentales:

- Reconocimiento

- Pertenencia

- Remuneración

- Seguridad

- Crecimiento

- Poder

- Lo lúdico

- Trascender

Y si analizamos los contenidos de cada uno de estos elementos, notaremos rápidamente, como algunos se relacionan muy íntimamente. Por ejemplo no hay poder sin reconocimiento, ni trascendencia sin poder (y por lo tanto no hay trascendencia sin reconocimiento). La pertenencia implica también que haya reconocimiento, aunque la inversa no es necesaria. Puede haber remuneración con o sin reconocimiento o pertenencia. Pero la seguridad implica reconocimiento y pertenencia, aunque no poder. Lo lúdico es quizá lo más solitario, aunque los extraños seres que puedan aplicarlo no evitarán por eso los demás elementos.

Querer trascender significará alguna necesidad de poder, como será preciso también el reconocimiento. Pero no importará la seguridad y seguramente la pertenencia. Se podrá dejar de lado lo lúdico y la remuneración. Tan pocas condiciones requiere la trascendencia. Pero se habrá tenido que crecer. Y crecer requiere en cambio, ser. No es así cuando el que crece es el niño o cuando se crece en la sociedad. Pero crecer uno, el crecimiento personal, es ir reuniendo los demás elementos que motivan, en la empresa. Crecer es un ejercicio solitario que se hace con los demás. Como vivir.

Hay en la base de la motivación algunos elementos como la remuneración, el reconocimiento, la pertenencia, la seguridad, el crecimiento y siguen luego como en otra categoría lo lúdico, el poder y la trascendencia. Pero sería muy soberbio establecer categorías, aunque pudiera ser de alguna utilidad. Porque si hubiera que hacer algún dibujo con estos ocho elementos, tendrían diferente altura cada uno en cada hombre y si hubiera que dibujarlos a lo largo de la vida del hombre, se entrecruzarían y a lo largo de la vida de cada hombre harían dibujos diferentes. Porque hay hombres que nacen reconocidos y perteneciendo y otros en cambio sufren su falta y acentúan la búsqueda de esos elementos. No es solamente una cuestión de culturas, que sí lo es, sino que es más aun una cuestión personal. Cada persona dibuja su propia vida, no porque tenga o no libertad, sino porque está viva Y en este duelo por mantenerse en pie por toda la Vida y la Eternidad, cada uno busca lo que le hace falta y hace hincapié en lo que cree necesitar.

Por esto no hay dibujo fijo para nadie que entre en una empresa. Ni la misma persona suele conocer el suyo. Por esto no se puede pretender conseguir este dibujo que excede el test sicológico, porque profundiza en las creencias y en la historia del hombre que son las que harán que mañana sea diferente al enfrentar nuevas circunstancias o las mismas repetidas con otras formas. El test es una foto de hoy. Buena o mala, en colores o en blanco y negro. Pero no podemos estar todos los días sacándole fotos color a nuestros empleados. Lo que ocurre naturalmente es que cada uno va buscando sus soluciones que están cada vez más lejos de aquella foto, porque ha pasado más tiempo y han ocurrido cosas.

Lo que podemos dar en la empresa son posibilidades. Y el centro vital de la motivación es el proyecto motivador. Esto no significa entrepreneurship. Un proyecto motivador es algo que permita al empleado no ya ser reconocido, pertenecer, crecer, tener dinero o seguridad, jugar o tener poder, sino que debe permitirle al hombre trascender, tener sensación de trascendencia, de que está dejando marcas en la Tierra. Un proyecto es motivador cuando le permite al hombre trascender. Y como hemos visto, cuando esto ocurre, el hombre deja de lado en la misma medida, todos los demás elementos. Deja de preocuparse por ser reconocido, no le importa pertenecer, trabaja gratis, se olvida de la seguridad, no se preocupa por preguntarse si está creciendo porque está haciendo más que eso, no se preocupa por el poder, porque lo tiene, ni le preocupa jugar, porque es lo que está haciendo.

El problema que se plantea es cuántos proyectos motivadores pueden haber en una empresa, porque la impresión de que un proyecto motivador es algo de gran jerarquía, que se da pocas veces y que, por lo tanto, se le da a poca gente.

Y sin embargo no es así.

Motivador es aquello que nos impulsa a tener un motivo para hacer algo. Por lo tanto es diferente en cada persona. Lo que es más, el proyecto no significa ni siquiera que deba tener un principio y un fin. Lo que motiva a una persona no motiva a la otra. En el caso de quien propone y pone en marcha un nuevo formulario, quien lo haya hecho podrá haberse sentido absolutamente desencantado con ese papelucho o podrá haberse sentido encantado con la influencia que ha tenido, y con ese papel marcando su nombre de manera clara o tácita en la empresa.

Cada persona tiene un nivel diferente de necesidad de trascendencia y tiene un nivel diferente de necesidad de trascendencia a lo largo de los años, lo que no significa que tenga más cuando joven o viceversa.

Es cierto que hay trabajos que son de todo punto de vista no-motivadores. Aristóteles dijo que sólo dejaría de haber esclavos el día que hubiera máquinas para hacer ese trabajo. Y solamente dejará de haber trabajos no-motivadores el día que haya máquinas que hagan ese trabajo. Quizá esto signifique una estructura de desempleo mayor; quizá signifique que algún nivel de vida deba descender un poco para que aumente en general.

Pero las máquinas seguirán siendo perfeccionadas y más personas podrán tener trabajos motivadores. De hecho muchos son los que hoy pueden tener proyectos motivadores.

Por eso cuando se habla de involucración (involvement), de lo cual hoy se habla mucho, de lo que se habla es en realidad de compromiso. La traducción más certera por ese involvement sajón es el compromiso que implica para una persona, involucrarse con algo o con alguien. La cuestión es que no se plantee este involucrarse como algo con lo que las personas 'sientan como sí', de la manera en que ocurrió con la escuela de relaciones humanas, la escuela de los hechos aparentes, de los signos sin profundidad.

Cuando Mayo hizo sus experiencias a fines de la década del 20 en adelante, provocó, sin pensarlo, la formación de esa escuela de relaciones humanas, que planteaba que, ante la necesidad que la gente tenía de sentirse reconocida, había que darle los signos de ese reconocimiento. Así aparecieron el golpecito en la espalda, el tuteo, la alfombra, la llave del baño.

La reacción inicial fue favorable, ya que efectivamente parecía un reconocimiento que uno recibía. De hecho sigue siendo una forma de reconocer a una persona darle una oficina privada o más grande. Pero luego del paréntesis que la Segunda Guerra puso a estas cuestiones, estos signos de status fueron agradecidos, pero no más allá que como tales, signos externos, que cada vez más exigían trasmisión real de poder, posibilidad de un verdadero compromiso y no esa cosa externa y secundaria.

La forma es importante, pero ya esto lo hemos aprendido: nadie se involucra en la forma solamente. Hay que incorporarle el fondo que esa forma significa. Esto es el poder y más aún la trascendencia. Cuando se va a trascender con algo, uno se compromete totalmente con eso. Cuando nos dan sólo la llave del baño y la alfombra de otro color, nos sentimos engañados, estafados, porque esto no es darnos el poder que nos dicen que nos dan. Tengo que dar poder real si quiero que se acepte mi propuesta. Si no es mejor callar y dejar que cada uno sea sólo una pieza del engranaje, con todo lo que esto implica.

Esta trascendencia que provoca que alguien se comprometa, se motive, ya señalamos que es diferente en cada persona. Cada acción tendrá un valor diferente para cada uno. Y esto está basado en tres columnas.

LA TAREA

El tipo de la tarea que se desarrolla, permite pensar que alguien se pueda comprometer en ella o no. Una persona que pega una estampilla en cada carta que le pasa por delante, es difícil que se pueda sentir motivada, es difícil que se sienta trascender por eso. Una persona que controla una entrada puede sentir la importancia de su actividad y la trascendencia que tiene para la empresa o no. Un puesto directivo puede permitir que su ocupante sienta la fuerza de la trascendencia o no.

LA PERSONA

Cada persona siente de una manera diferente cada circunstancia de la vida. Cada persona tiene aspiraciones diferentes. Un hombre puesto a hacer liquidación de jornales puede sentirse muy bien o puede sentirse frustrado. Un director de una empresa puede sentirse muy bien o puede sentirse frustrado. En uno u otro caso además de las circunstancias externas, hay una cuestión puramente personal, que hace que lo que es magnífico para una persona sea insuficiente y frustrante para otra.

LA LIBERTAD

Este es el tercer elemento en la definición de la posibilidad de trascendencia y en la motivación. Libertad significa que puedo hacer y que puedo cambiar aquello que me han dado. Tiene que haber libertad para hacer algún cambio que suponga poner la propia marca, el input, la señal personal que es lo que constituye el elemento que señala la trascendencia para la persona.

CAPITULO 13. MEJORAS PARA EL PROYECTO

Estos tres elementos, la tarea, la persona y la libertad de acción, no son rígidos. Cada uno de ellos se modifica, cada uno recibe influencias que lo cambian. La cuestión es, qué puede hacerse para mejorar esta ecuación y lograr que el proyecto exista y que sea un proyecto fuerte.

El primero de los elementos, la tarea, significa una suma de tecnologías que se reúnen en un puesto. Después significan una manera de poner en práctica estas tecnologías, pero esto tiene ya que ver con la libertad de acción. Como ya señalamos, hay tareas que no admiten la posibilidad de un proyecto. Son estas tareas que están todavía en el campo del taylorismo, de la simplicidad máxima. Con estas tareas se puede, básicamente:

• Hacerlas partes de una tarea más interesante que las haga pasar inadvertidas

• Integrarlas en sistemas de trabajo más complejos

• Mecanizarlas

Aunque las dos primeras acciones parezcan ser la misma, la aproximación es totalmente diferente. En el primer caso se agregan al puesto otros elementos o se dividen las tareas de ese puesto entre puestos más interesantes, hasta el punto en que no molesten. En el segundo en cambio, se plantea una reorganización de la tarea.

En el primer caso el sellado de estampillas se puede dar a un portero que tiene otras tareas básicas que pueden ser un proyecto. En el segundo caso, la línea tayloriana de montaje que hace desde autos hasta galletitas puede ser modificada en ese sentido enriqueciendo los puestos, dando responsabilidades completas por la producción, mantenimiento y control de la calidad, lo que modifica la tarea de la monotonía a convertirla en un proyecto.

Cualquiera de las tres soluciones significa el conocimiento de la tarea, el análisis de la tarea, el cambio y todo esto es válido solamente en cada caso, en el lugar en que ocurre y debe, por lo tanto, ser puesto en marcha por quienes están en ese lugar.

En el caso de la persona, la situación es distinta. Una persona no se puede desmenuzar en varias personas, ni hacer máquina. A la persona se le puede preguntar qué es lo que le interesa, pregunta que normalmente no se hace. Esto se puede concretar en la evaluación de desempeño, en un párrafo en que se haga esta pregunta; es decir, no implica ningún proyecto departamental, ni una gran actividad. Es una actitud que se puede concretar fácilmente con esta pregunta. No hay que temer a las respuestas ni comprometerse a que necesariamente se hará lo que pide el empleado.

Esta información la podemos tener también por parte de la supervisión, aunque este tipo de sistema produce muchas distorsiones y esconde muchos datos.

La cuestión es que sepamos qué es lo que quiere el empleado, qué le interesa, porque si no vamos a estar tomando acciones a ciegas, suponiendo, lo que siempre implica el riesgo de hacer donde a nadie le interesa y no hacer donde están esperando que se haga.

Con las personas pues, lo primero es saber qué quieren y luego construir en común lo que se pueda a partir de las expectativas de ella, nuestra intención, la cultura de la empresa y la imaginación de todos los involucrados por hacer algo.

No hay que temer hacer este tipo de aproximación, las personas no reaccionan tan mal como suponemos. Ni exigen tanto cuanto pensamos. La posibilidad de conflicto vale la pena frente a la posibilidad de crear un proyecto motivante para una persona o un grupo que se motive.

Por fin la libertad de acción. Este es el problema mayor.
Si existe la intención de considerar realmente las
posibilidades de la libertad de acción del puesto, el
análisis y descomposición de la tarea será una tarea
más fácil y creativa; si se desea dar más libertad de
acción, se podrá establecer una mejor relación entre las
expectativas de la persona y la realidad; se podrá
mecanizar con menos problemas. La intención de dar
más libertad de acción es fundamental a todo lo que
estamos hablando.

Los supervisores que todavía necesitan tener a la gente
a su alrededor, los que todavía necesitan que se les
reporten varias veces por día, los que quieren ver la
tarea avanzando paso a paso, los que destruyen todo
proyecto que no haya sido realizado en conjunto con él,
en fin, todos aquellos supervisores, no importa cuán
alto sea el título que ostenten, que prefieran tener una
corte a un grupo de trabajo, tendrán su corte, pero no
tendrán un grupo de trabajo que funcione.

La libertad de acción es necesaria en la medida de la
situación del puesto en la empresa, de las tareas
específicas que lleva a cabo. Pero no hay razón para que
un analista de contaduría hable tres o cuatro veces por
día con su superior. Tener un proyecto significa que se
ha pactado un cierto territorio y que uno se mueve en

ese espacio hasta tanto no ocurra algo fuera del poder que se ha delegado.

Cuando la frontera del poder es muy poco clara (nunca es totalmente clara), cuando la persona teme pasar esa frontera, cuando, como decía un presidente de empresa 'Yo lo llamo a mi jefe todos los días (a Nueva York). Si no está de acuerdo con lo que le propongo, cambiamos. Yo soy flexible y él también'. Nunca pude ver la flexibilidad en el jefe y en cambio aunque con el título de presidente, el hombre local no tenía poder ni proyecto.

La libertad de acción es una negociación entre las dos partes que tiene éxito cuando el supervisado se entusiasma con su tarea.

Podemos argumentar que la cultura de la organización no permite tal o cual cosa, podemos decir que el supervisado es un delirante, podemos en fin argumentar lo que sea, sobre bases por supuesto siempre racionales, pero si no logramos su entusiasmo, es nuestro problema y nuestro fracaso. Aquí se aplica ese mismo criterio según el cual en algunos países un despido es considerado un fracaso del despedido y es considerado en cambio un fracaso del supervisor en otros países.

La manera en que se amalgamen la tarea, la persona y la libertad de acción, será la que determinen si estamos hablando de un proyecto o solamente de un trabajo más, no importa lo que el supervisor quiera ver en la situación. No es el supervisor el que tiene que estar entusiasmado con el trabajo que le ha dado al supervisado. Es el supervisado el que tiene que entusiasmarse. La diferencia está entre la motivación o la desmotivación, entre el trabajar empujando, ideando, creando o presentarse a cumplir las horas de trabajo que correspondan.

Esta es la primera base a partir de la cual se puede construir el resto de la empresa. No importa cuán just-in-time pretendamos trabajar, nada lograremos si las personas no están trabajando con el entusiasmo de hacer. Las técnicas siempre las termina por poner en marcha una persona. Si la persona está comprometida, los resultados son unos, si no está comprometida los inconvenientes serán otros, por muy razonables que parezcan, por muy bien presentados que estén, siempre serán problemas que no deberían estar allí.

CAPITULO 14. ACCIONES PARA LA MOTIVACIÓN Y PARA LA EFICACIA

¿Por fin, cuáles son las características del hombre que hemos analizado?

¿Cuáles son las situaciones en que debe enfrentar estas características personales? ¿Cuáles de entre estas características pueden ser satisfechas por la empresa?

¿De qué manera puede satisfacerlas? ¿Cuáles de entre estas características la empresa no puede satisfacer?

Estas son las preguntas esenciales en este camino que hemos hecho y las respuestas que han sido dadas en alguna medida, vamos a tratar de hacerlas más visibles, más a la mano de ese análisis. Para eso hemos diseñado el cuadro de la página siguiente, que está refiriendo esas características con las acciones que la empresa puede llevar a cabo para buscar la satisfacción de cada una de ellas y entre ambas, cuál es el valor al que está referido esa característica.

Pero el reconocimiento para sí mismo la seguridad per se, que daba Ia sociedad anterior o e/ barrio, Ia empresa no puede darla.

La seguridad en sí mismo que amenazan la 'juntedad' de la sociedad actual y la relación persona-maquina, no pueden ser solucionados por la empresa.

Siguiendo las diferentes características enunciadas, la primera obviamente es la genérica en la cual la empresa lo único que puede dar es el empleo, pero los instintos y las necesidades vitales básicas son cuestión personal específica de cada hombre, y de cada mujer, lugar donde claramente la empresa no debe intervenir.

Cuando entramos en los caracteres del hombre que se relacionan con la empresa de alguna manera, concretamente para que el hombre pueda hacer se necesita que le den trabajo. El hecho de dar trabajo significa una organización y una descripción de tareas, que son dos cosas que se dan siempre, aunque estén muy mal dadas a veces, pero que son las que dan las empresas cuando le dicen a alguien 'aquí tiene un trabajo'. Y si el valor relacionado es delegar, lo es porque para que un hombre pueda hacer, otro le tiene que delegar parte de su tarea, de su poder y de su responsabilidad. Así es como cuando un hombre llega a la empresa y es aceptado en un trabajo, está recibiendo el poder de otro, que le delega un puesto que está en la organización y del cual existe una descripción de tareas, aunque más no sea en la poco clara mente del supervisor que delega.

La característica de crecer que tiene el hombre se concreta en la empresa a través de la evaluación de desempeño y de la capacitación. El desarrollo se puede completar con otras técnicas como planeamiento de carrera, cuadros de reemplazo, carrera-tipo, etc., pero hemos concentrado la cuestión en la necesidad de que exista una evaluación específica que abra la comunicación hacia el crecimiento de la persona y de la capacitación que se lleve a cabo como uno de los resultados de esa evaluación.

A la característica de tener, cuyo valor fundamental aquí es el poder, la empresa acciona con claridad en la delegación, no esa delegación anterior, donde en un acto poco claro quizá o para nada claro, se le daba al hombre un trabajo. Para que haya poder tiene que haber claridad, porque el recorte de poder por sistema, hace que no exista poder real y se pierde la realidad de ese valor. El hombre en este caso no actúa, sino que le lleva todo a su jefe.

El poder requiere, además que se dé alguna participación, porque para delegar hay que informar acerca de lo que ocurre, acerca de lo que ocurrió, acerca de lo que ocurrirá. Y si tiene que haber poder, por lo menos tiene que existir la posibilidad de dar la opinión sobre los temas generales y de tomar decisión sobre los temas propios.

Frente a la necesidad de Estar seguro, la empresa puede dar estabilidad con equidad, es decir con reglas generales que se respetan para casos de delito, de problemas de mercado, de mal desempeño del puesto.

Frente a la necesidad de Ser reconocido, la empresa puede dar el reconocimiento condicionado que surge del propio hacer o no hacer y que se refleja en el otro, en cómo me trata. La equidad nuevamente en la remuneración y en la evaluación del desempeño son esenciales para que una persona se sienta reconocida, sea reconocida. Y las actitudes de las personas alrededor de cada persona harán que una persona se sienta reconocida, sea reconocida o no. No sirve que se crea reconocerla, si no se siente reconocida, como no sirve tampoco decir que 'esta es una empresa donde la competencia es muy importante' y esto se concreta en malos tratos mutuos, violencias de distinto tipo que hacen que sea imposible sentirse reconocido.

Ser parte, pertenecer, se concreta en la empresa a través del reconocimiento y a través de signos como las fechas aniversarios, las invitaciones a reuniones, y todo otro signo que le diga a la persona que forma parte de ese grupo laboral. Estos signos son más relevantes en las empresas-familia, porque la persona que busca esa familia y la encuentra, mira mucho más estos signos que son también importantes en ese tipo de empresa, que en el tipo de relación empresa-contrato, como ya señalamos antes.

Permanecer siempre, esa necesidad de trascender, es la clave de la motivación a través del proyecto motivante, según cada nivel, que se concreta en la empresa con un objetivo claro, un saber adónde vamos y por dónde vamos a intentarlo cada día y una libertad amplia de acción que esté relacionada con esa delegación de un poder claro en su ámbito.

Estas son las acciones concretas que la empresa puede hacer para motivar a las personas. Estas son acciones concretas, específicas, cuya falta es causa de conflictos. Estos conflictos, claro está, no se demuestran a la luz del día, porque las personas tienen miedo y esto ya lo hemos visto. Pero este miedo las hace cometer 'errores', y 'malentendidos', que causen daño.

Lo que estamos diciendo es que 1) investigamos las motivaciones de las personas, 2) encontramos cuáles son las características en que se relacionan estas motivaciones y 3) qué acciones puede tomar una empresa para tener personal motivado, porque 4) está dando respuesta a las motivaciones descubiertas en el punto 1. Cuando una característica del hombre encuentra donde realizarse, el hombre sigue profundizando para hacer más, para encontrar nuevas respuestas y si esas respuestas siguen encontrándose, entonces será mayor la involucración, el compromiso de que hablamos antes. Sino la nueva situación será la frustración y por lo tanto el conflicto.

Tengamos claramente en cuenta que de todas maneras hay una cantidad de respuestas que la empresa no puede dar. La empresa no puede evitar ni ordenar la enorme cantidad de información que la persona tiene a su disposición. Cada persona recibe porciones diferentes y reacciona de acuerdo con estas porciones que recibe que difieren de la que otro recibe, aun sobre el mismo tema en el mismo momento.

La empresa tiene que tomar en cuenta que hay una diversidad de puntos de vista sobre cada cosa que se trate, no ya solamente basada en opiniones que serán subjetivas, sino ahora en opiniones que parecen objetivas, porque están basadas en datos que han recogido de cierta realidad que les hace creer que están en posesión de mayor objetividad que antes. Esta mayor objetividad es cuanto menos opinable y discutible, ya que los datos recibidos también surgen de fuentes discutibles y opinables.

La empresa frente a esto debe estar prevenida para recibir una cantidad de puntos de vista muy diversos, basados en creencias objetivadas a través de datos y que a su vez, basan opiniones en asuntos de la empresa.

Otro tema que la empresa no puede manejar es el de la violencia y el sexo en la sociedad. Lo único que es claro es que las personas vendrán más cargadas con violencia y con fantasías o presiones sexuales que antes. Es poco lo que la empresa puede hacer para prevenirlo, ya que no hay conciencia sobre la influencia y el poder que las empresas tienen en los medios. De hecho si las empresa decidieran no avisar en programas o medios determinados, esos programas y medios desaparecerían. Entonces el poder de la empresa para evitar la propagación del mensaje de violencia es enorme, sólo que no se usa. No es válido hablar de libertad de expresión, ni de libertad de prensa. Cada uno defiende valores que no siempre son los mismos.

La prevención de la violencia no es una cuestión solamente que tiene que ver con los medios, pero su propagación es exclusiva de los medios. Los medios nos hacen sentir hoy que esa violencia es natural, es lo que ocurre en nuestras calles. No es esa violencia de las películas del Oeste que eran exóticas, ni las de Las Mil y Una Noches, ni las de las galaxias. Es la violencia de nuestras ciudades, contemporáneas, vividas. Y esa propagación de la 'violencia natural' es una responsabilidad exclusiva de los medios, que está sustentada exclusivamente en la publicidad de las empresas.

Las empresas, pues, pueden prevenir la propagación de la violencia, lo que hará que reciban menos personas excitadas cada mañana. Esto ayudaría mucho a que las relaciones en la empresa fueran más amables y menos corrosivas.

Al mismo tiempo la empresa tiene que ver con la violencia social cuando la incrementa. Las personas que salen de algunas empresas parecen dispuestas a matar a alguien. Su colectivo se convierte en un medio de agresión del otro y si van en auto están al borde de chocar todo el tiempo. Estas empresas crean más violencia y la devuelven cada tarde a la sociedad.

En todo caso las empresas deben ser conscientes que reciben gentes excitadas, que sienten cosas que no tienen muy en claro y con las que no saben muy bien qué hacer. Es decir son personas que sentirán fácil reacción contra cualquier ordenamiento, son personas que quieren que les den la razón y que tienen bajo umbral de frustración. Esto quiere decir que se enojan fácilmente, que planean contra el otro, que esperan su momento de reivindicación y venganza. Todo en grados diferentes, en modos diferentes, pero todo allí, dentro de cada uno.

Por fin hay otra cosa que las empresas hacen poco y en general prohíben: lo lúdico. Hemos hecho notar que lo lúdico era una forma importante de crecimiento, de hacer las cosas. Se puede ser lúdico en un laboratorio, pero cuando se quiere ser lúdico en la línea, entonces la cuestión se hace difícil, porque ser lúdico parece que fuera ser poco serio, es decir que no hay que perder la formalidad al actuar.

Aquí sí la empresa puede hacer algo, es decir puede estimular las iniciativas y las cosas nuevas. Esto se ha dicho mil veces, pero es raro encontrar supervisores de cualquier nivel que estimulen lo lúdico, la prueba de algo, el riesgo de alguna acción.

En cambio no puede hacer nada la empresa para mejorar el reconocimiento per se que daba el pueblo antiguo o el barrio. Ese hombre que era 'el gordo' y que formaba parte ineludible del paisaje barrial sólo por haber vivido allí, ese no será ya 'el gordo'. Tendrá que hacerse lugares donde le digan 'el gordo' y tendrá que hacer cosas para ser notado y para ser aceptado. Esto significa una nueva tensión, un temor a no ser reconocido a no ser nadie. Y sobre esto la empresa no puede hacer nada, porque, además, como el resto de la mayoría social, establece condiciones para reconocer a las personas.

También se le escapa a la empresa en gran medida el tema de la estabilidad. Es cierto que hoy día la gente espera solamente ser tratada con equidad y si las condiciones económicas se deterioran esperan ser despedidas por un cierto orden previamente establecido. Pero, ante todo, esta equidad no es habitual. Son demasiadas las empresas donde de pronto se despide a una persona, donde el despido depende de una sola voluntad que en definitiva establece condiciones como le parece, donde no hay una línea de evaluación de desempeño que testifica a lo largo de cada año que la persona ha trabajado eficazmente.

A esto hay que sumar el hecho de que de todas maneras, la falta de estabilidad absoluta de que gozó la generación anterior, ha desaparecido y al desaparecer ha dejado un agujero que la gente siente, porque por fin no es lo mismo contar con alguna estabilidad que saber que si no se hacen grandes macanas se podrá uno jubilar en esa empresa. Esta es otra causa de ansiedad.

Otra causa de ansiedad que la empresa no puede solucionar es la de la reacción máquina-persona, la ansiedad que hemos descripto de tener que dar respuesta a mecanismos que son más rápidos que la naturaleza, que el ácido ribonucleico de que estamos hechos, lo cual significa que debemos acelerar para ponernos a su ritmo.

Otra causa más de ansiedad que hemos señalado es la de la respuesta permanente que nos exige esa "juntedad" en que vivimos en la sociedad actual. La empresa no puede hacer nada por ello, porque la empresa es parte de la "juntedad" y no la maneja en absoluto. Algunas han optado por mover sus oficinas afuera de la ciudad. Pero en nuestro país esto no es común y los que se van 'afuera' se van a lugares tan poblados como el centro de la ciudad, sólo que más distantes.

Por fin la empresa no puede solucionar tampoco el problema de la soledad. La soledad que se convierte eventualmente en aislamiento y en sensación de peligro por la violencia social que amenaza, es una situación que termina en actitudes paranoides, a la espera del ataque, en condición de aislado. Lamentablemente esa pirámide de poder cerrado que es la empresa, ayuda a las situaciones paranoides, por lo que en vez de poder contrarrestar estas actitudes las fomenta sin proponérselo abiertamente.

Además cada una de las personas que forman la empresa, está casada o soltera o viuda o separada, tiene hijos o no los tiene, está estudiando o practica algún deporte u otra actividad, sufre alguna enfermedad, tiene problemas económicos, la estrujan en el colectivo y quisiera ser lo que la TV le exige. Es decir que cada persona, además de estas falencias estructurales es un mundo en sí misma, de alegrías y tristezas, de logros y de frustraciones, que trasporta cada día en ese cascarón que vemos y que llamamos cuerpo. Problemas y temas que entran por la puerta de la empresa cada día y que influyen en la motivación en como trabajará esa persona ese día, esa semana, ese mes.

Resumiendo pues los temas comunes a todos que la empresa no puede solucionar y que afectan la motivación de la gente y su eficacia, hemos encontrado que la empresa no puede hacer nada pero recibe el impacto de los siguientes temas:

• Exceso de información

• Falta de posibilidades lúdicas que la empresa no fomenta

• Exceso de violencia y sexo en los medios que producen impulsos que desestabilizan a la gente

• Falta de reconocimiento per se, necesidad por lo tanto de estar todo el tiempo tratando de ser reconocido

• Falta de estabilidad permanente

• Ansiedad por la necesidad al relacionarse con las máquinas

• Ansiedad por la necesidad de dar respuestas en la "juntedad"

• Soledad social, con ingredientes de aislamiento por la influencia de la violencia y de actitudes paranoides como resultado de ello.

Es decir que la empresa recibe a una persona en estado de ansiedad y esto no es gratuito cuando se piensa en qué hacer para lograr mayor eficacia. Cada persona mantendrá esta carga y podrá canalizarla en algunos canales de acción que la empresa le permita si esto ocurre. Si por el contrario las normas, la manera de ser de esa empresa, colaboran para el mantenimiento y el crecimiento de la ansiedad, de las situaciones paranoides, de la angustia, lo que ocurrirá es que el miedo y la bronca crecerán, sin que se tenga muy en claro el porqué. Se podrá hacer responsable a una persona, a una situación específica, a un sistema, no importa. Estos habrán sido solamente disparadores de una situación de fondo mayor, que empuja a esto. En última instancia ni el miedo ni la bronca ayudan a la eficacia.

Las acciones que hemos señalado en el cuadro anterior no son una fórmula. No hay una imposición cualitativa del tipo pasa-no pasa, como quien toma el tren o se queda en la estación. Dijimos al principio que los especialistas teníamos una especie de soberbia manía de exigir a nuestros asesorados a que cambiaran, en vez de que vivieran. No vamos a cometer el mismo acto que consideramos erróneo hace algunas páginas atrás.

Es cierto sin embargo que existen mejores posibilidades en algunos casos que en otros. Es más fácil trabajar con personas que tengan ganas de trabajar que con personas que no tengan ganas de trabajar. Es más fácil lograr objetivos con personas que sepan de que hablan que con personas que no tienen la menor idea de que se trata.

Lo fundamental es que las situaciones son fluidas, no hay nada blanco ni nada negro, sino tonos que hay que saber administrar. Si queremos tener gente motivada o más motivada, los caminos son los que marcamos antes, pero los grados son distintos.

Lo segundo en importancia es que no hay dos casos iguales. Cada caso es diferente, cada empresa es distinta. Por eso no nos cansamos de repetir que no se deben aplicar modas, sino que se deben aplicar criterios.

Tercero en importancia de esta sucesión de aspectos a considerar es que debemos saber qué es lo que pasa para poder intentar cualquier acción. A nadie se le ocurriría ir de un lugar a otro en auto sin saber antes que hay una carretera que los une. Y sin embargo es habitual en la vida tomar acciones para lograr algo, sin saber en realidad cuál es la situación actual. El grado de conocimiento de la realidad condiciona absolutamente el porcentaje de éxito probable.

Cuarto aspecto a tener en cuenta es que de la misma manera que la situación nunca es blanca ni negra, sino habitualmente fluida, de la misma manera no hay una solución lineal. Cada empresa está en condiciones de aceptar partes de la solución y luego otras que no necesariamente son las que en pura lógica deberían suceder a la anterior. Negar esta solución y forzar hacia ciertos procesos necesarios es un grave error que sólo se justifica cuando la técnica realmente necesite esa sucesión de hechos.

Sin embargo no se me ocurre ninguna situación en que aún hecho necesariamente deba seguir otro. Sí reconozco muchos en que a un hecho sería conveniente que sucediera otro o que si ese otro no lo sucede se pierde gran parte del efecto del anterior. Pero no conozco una situación lineal tan dura que no permita un paso intermedio.

Quinta y última cuestión: no hay cambio hasta tanto los operadores no operan la nueva situación. A esto se lo ha definido también como que no hay cambio hasta que la nueva situación no forma parte del sistema. Yo prefiero ponerlo desde el punto de vista de los operadores sin negar que es preciso que la novedad forme parte del sistema, porque esto hace más vivida la realidad de que en definitiva quien maneja la cosa es quien la define entre los parámetros que se le dan o que se inventa.

Entonces, toda vez que una persona llega a la empresa le permitimos hacer, pero sólo le daremos poder si somos claros en la descripción del poder que le damos, lo que significa participación en la información y seguramente participación en la opinión. De esta manera el hombre sentirá que pertenece y se sentirá seguramente reconocido, más aún si evaluamos su desempeño, si somos equitativos en la remuneración y en las actitudes que tenemos para con él. Con un buen proyecto de trabajo, el hombre se sentirá en estas condiciones particularmente incitado a trabajar poniendo todo de sí, es decir motivado.

Pero ese trabajo motivante vimos que se relacionaba con el tipo de oportunidad que se le diera a ese hombre. Era una situación diferente para cada uno, porque todos somos distintos. Podemos preguntarle a cada empleado, podemos tratar de hacer los movimientos necesarios, pero vamos a tropezar siempre con Taylor. Taylor incitó a las empresas a subdividir infinitamente el trabajo. Esto ha hecho que a lo largo del siglo XX los hombres no entendieran de qué se trataba, porque veían solamente partes pequeñas que nunca se estructuraban con el total.

Este fenómeno ocurrió en las fábricas, pero de la misma manera ocurrió en las oficinas, porque no es una cuestión de despiece, sino que es una actitud mental. Cada uno en el proceso burocrático, hacía una parte, además controlado inmediatamente por otro empleado, para evitar errores, es decir previniendo que ese hombre que era malo 'per se', hiciera mal su trabajo.

Así llegamos a la situación actual, donde la creciente tecnología hace que necesitemos personas más dedicadas, con mayor información. Y esas personas con más formación existen y requieren puestos más amplios. Entonces tomamos una persona con más información, le damos un puesto que requiere esa información mayor, pero no es habitual que le demos un puesto más amplio, con lo cual nos hemos creado un conflicto que terminará con la frustración de la persona o con su separación de la empresa.

Puede ocurrir, sin embargo, que seamos ya el tipo de empresa que le da a las personas puestos más amplios. Esas personas pueden aplicar esa mayor información y tomarán más parte de la tarea general bajo su cargo. De esta manera entenderán mejor lo que están haciendo, entenderán cómo eso se engancha con el conjunto, porque ellas mismas hacen tareas de conjunto mayores.

Pero estos nuevos puestos estarán tomando necesariamente tareas de los costados y de los supervisores. Poco a poco, o rápidamente, se notará que hay superposiciones. Tenderá a haber más tecnología y tenderá a haber menos puestos. Pero no solamente horizontalmente sino también verticalmente. Porque los puestos más amplios también serán requeridos en los niveles jerárquicos y esto supondrá la desaparición de supervisores, jefes, gerentes y/o directores.

Así es como las organizaciones han disminuido en algunos casos la cantidad de sus niveles y han proporcionado mejores oportunidades a su personal, logrando mayor eficacia, comunicaciones más rápidas y reacciones más rápidas frente a las circunstancias cambiantes.

El resultado secundario pero muy importante que esto ha dado, es el de una mayor trasparencia ética, trasparencia que ocurre porque a la velocidad en que trabajan esas organizaciones no hay tiempo para todos los rodeos, danzas y contradanzas de las organizaciones tradicionales y porque las personas a las que se asegura algo y se les cumple, es obvio que son tratadas mas éticamente.

El otro objetivo que se produce casi sin querer, es que estas personas tienen objetivos claros, porque no puede dejar de tenerse objetivos claros cuando se tienen puestos amplios con delegación amplia. Y esos puestos tienen delegación amplia, porque si a cada supervisor de la jerarquía que sea, reportan diez o quince personas, no tiene el tiempo material de sentarse cada día al lado de cada una. (A nivel operario la dependencia puede ser de uno a treinta o setenta).

Lo que estamos diciendo es que con un peine amplio como organización, lo que debe ocurrir es que las personas hagan su trabajo con independencia, coordinadamente a través de los objetivos que se busquen, pero sin tener que entrar cada día en la oficina de su jefe para reasegurarse o comprometerlo en cosas.

Así podemos tomar personas de buen nivel de conocimiento y darles trabajos que sean motivantes con mejor resultado para la empresa.

Para que esto funcione deben darse estas condiciones:

- Persona de conocimientos amplios

- Puesto de poder amplio

- Claridad de objetivos

-Organización de peines largos que no permita que el supervisor esté permanentemente mirando por sobre el hombro del supervisado, es decir que permita libertad de acción.

 Esto es diferente en el portero que en el presidente, pero debe ser en ambos a su medida, para que funcione.

Tomar personas con conocimientos amplios para ponerlos en organizaciones donde la relación supervisor-supervisado es uno a tres o cuatro, es mezclar la amplitud con la estrechez y el traje se rompe; mezclar organizaciones de peines largos con personas de pocos conocimientos es crear el caos. El proceso de cambio hay que empezarlo por el cumplimiento de algunas de las acciones que satisfacen características de las personas. Luego llegando al proyecto motivante y todo esto debe mirar al final a una organización como la que hemos descrito para que el éxito inicial sea permanente y creciente.

Pero no pensemos que con cambiar el peine organizacional hemos solucionado la cuestión, porque Fulano o Mengano lo dicen, sino estamos volviendo a actuar por moda. La cuestión es que pensemos en que organización estamos, veamos cuáles de las cosas de que hablamos se pueden ir poniendo en práctica y lleguemos algún día a esa organización de que hablamos. Cuanto antes lo hagamos será mejor para la empresa y para las personas. Pero hacer lo de una manera compulsiva porque de esa forma estamos cumpliendo con lo que se debe, porque así estamos 'al día' como gerentes, lo único que hará es que lo intentemos de tal forma que creemos una situación más grave que la actual.

Es claro, pero no queremos darlo por supuesto, que estas personas que llegan a la empresa, no solamente deberán tener más información, sino que deberán estar entrenadas en seguir entrenándose. Pensar, estudiar, crecer, son virtudes que van concatenadas y que hoy día son imprescindibles para mantener el éxito.

De nada sirve tomar una persona con mucha información que actúa esa información sin pensar; de poco servirá hoy y menos cada día, tomar a quien no estudia y se queda sentado en los laureles de su título o de sus logros, porque será rebasado por el futuro; de poco servirá quien no haga lo anterior, porque no crecerá y no sabrá inventar nuevas situaciones futuras.

La estructura de peines amplios debe tener junto a ella el criterio de crecimiento que permite que la delegación de hoy sea delegación mañana. Sino la organización se esclerosará como lo han hecho las organizaciones antiguas que han llegado, o no, hasta hoy.

CAPITULO 15. EL HOMBRE Y LA EMPRESA UN A OPCIÓN DE VIDA

Tanto el hombre cuanto la empresa hacen una opción de vida, consciente o inconsciente, cuando toman sus posiciones, las políticas de la empresa, la cultura organizacional por un lado y la actitud del hombre por la otra.

En el mundo que nos ha tocado vivir ya no es posible aplicar criterios universales. Cada manager debe estudiar su propia organización porque el mundo se caracteriza por un perpetuo cambio, por permanentes novedades que nos impulsan en el sentido de lo que encuentra en sus investigaciones el Instituto de Santa Fe (Nueva Méjico): las pequeñas partes de la naturaleza son por sí mismas, actúan independientemente del resto, pero contribuyendo al conjunto.

Este es el principio de vida de las neuronas. Y así el manager de nuestro tiempo, un tiempo lleno de complejidad y de cambio, tiene que poder actuar independientemente, desarrollando sus propios actos y tendencias, pero como parte del conjunto del que es parte. Así es él quien debe buscar lo que mejor se adapte a su situación particular, teniendo la valentía de dejar de lado los Amoxidal 500, es decir las modas sucesivas que lo empujan, pero a las que también él usa, poniéndolas como protección a las críticas que le puedan hacer. Hay que tomar los caminos propios, útiles al sector, poniendo en práctica lo que resulta útil para él y esta es una tarea esencial del manager.

Pero en el largo camino de análisis de la situación del hombre en la actualidad y de sus motivos, es evidente que hay líneas generales, algunas marcas que son comunes a los habitantes de las ciudades modernas, aunque no debemos esperar que se manifiesten siempre en idéntica forma.

De la misma manera que un manager define el marketing que llevará a cabo, de la misma manera que determina la política financiera o la de producción, compras o relaciones institucionales, de la misma manera, aunque con un peso totalmente diferente, debe preocuparse de algo que los manager no se preocupan: por qué se motivan los hombres. La inmensa mayoría de los managers que he conocido se manejan con frases hechas, por antiguas creencias o por las políticas que le vienen dictadas, sin ningún análisis mayor sobre el asunto. La gente se supone va a hacer lo que tiene que hacer, y si no lo hace será castigada por ello. Tan simple como esto, este mecanismo es el que se ha aplicado ancestralmente. Lo que no significa que no sea efectivo. Un buen castigo oportunamente soluciona el problema, se dice. Los hombres son hijos del rigor.

CAPITULO 16. COMO UBICARSE FRENTE A LA EMPRESA

Por otra parte cada uno de nosotros tiene que tomar una decisión respecto a qué hace con su relación con la empresa en la que trabaja. Esta es una decisión que se toma explícitamente para uno mismo o que se toma sin darse cuenta, adoptando ciertas actitudes o teniendo ciertas reacciones que lo van definiendo como alguien que es sumiso, reactivo, estimulante, deprimente, etc., etc., adjetivos que de pronto le resultan sorprendentes cuando alguien se los dice.

En primer lugar hay que hacer un distingo: en una empresa están los que ponen su centro en la empresa y están los que ponen su centro en otra actividad. No es raro encontrar en las empresas personas que están interesadas en su hogar, que están interesadas en su religión, que les importa el deporte que practican o ser dirigentes en otro lado.

Estas personas suelen ser cumplidoras. Hacen su trabajo a conciencia, porque son personas motivadas por algo, están en acción, no están a la deriva, molestas con la vida. Entonces quien quiera ser dirigente en otro lado, sabe que puede hacer un buen trabajo en la empresa, sin involucrarse y sin aceptar los sucesivos progresos jerárquicos que le puedan ofrecer. Porque si

185

no entrará en crisis con su verdadera motivación y entrara en conflicto con la empresa. La misma empresa no debería ofrecerle demasiado progreso para que no resultara al final un conflicto para ambas partes.

La segunda división que debemos atender es la división entre los que van a buscar en la empresa un trabajo donde progresar, aprender, aportar e involucrarse y aquellos otros que van a buscar en la empresa una familia. Todo lo que hemos dicho acerca de la situación del hombre actual empuja hacia esta segunda posición. Por lo menos en apariencia.

En realidad el asunto de la familia fue uno de los productos de la escuela de relaciones humanas de la década del 30 y ha caído en desuso. Por otra parte se puede querer pertenecer, se puede querer ser aceptado y no por eso considerarse parte de una familia. Se puede pertenecer de muchas maneras.

Quienes quieren ser parte de una familia centran su reacción en el trato y no en la eficacia. No les importa que los reconozca porque son buenos profesionales sino porque son buenas personas, buenos hijos. La diferencia es abismal y quienes pueden encontrar su lugar en una empresa, no será esa empresa donde los otros encuentren su lugar. Por otra parte, más y más, la posición de que la empresa es una familia desaparece en el mundo, aunque queden siempre faldones donde se siga trabajando sobre estas bases. La competencia globalizada hace muy difícil mantener estas situaciones.

Vayamos pues a considerar la situación de quienes vamos a la empresa a trabajar, sea en la posición de familiar, sea en la de profesional.

Frente al panorama tan diverso pero en general, tan poco estimulante, que hemos descrito hasta aquí, ¿qué puede hacer el hombre que trabaja en la empresa?

 Desde luego se podrá sindicalizar, podrá tratar de hacer carrera, podrá desarrollar alianzas personales que lo cubran de problemas futuros, pero en definitiva hay una actitud global y vital que es la que se le plantea al hombre que trabaja en relación de dependencia.

El primer elemento fundamental en esto es que hay que erradicar el viejo concepto de que el trabajo es una condenación divina. La frase hoy se debe completar diciendo 'Ganaras el pan con el sudor de tu frente, pero ahora podés divertirte'. Se acabó la época de la condenación bíblica, porque ahora hay máquinas. Entonces no hay porque sufrir, por lo menos como posición básica. Después habrá mejores trabajos o peores trabajos, pero no es una necesidad sin solución. En cambio divertirse significa sacar el entusiasmo que uno tiene adentro, aun lo lúdico si puede, y hacer de su trabajo algo estimulante y entretenido.

El segundo elemento fundamental es que la acción con la que se compro• mete el hombre es fuente de su autoestima y reconocimiento. El hombre necesita hacer para vivir. Sin entrar en la disquisición si meditar es hacer o si orar es hacer, el hombre precisa de una actividad a través de la cual se concreta. No importa que no sea el trabajo con el que se gana la vida. Quizá ese trabajo es sólo el lugar donde se gana el dinero para vivir. Pero luego está el trabajo en la iglesia, en el club, en la investigación, en cualquier lugar donde el hombre desarrolle su tarea y, en ése, la tarea le da elementos para su autoestima o no, es reconocido o no. Y ese tener autoestima o ser reconocido es fundamental.

Ahora bien, cuando se ponen los huevos en una sola canasta existe la posibilidad de perderlos todos. Hay un viejo adagio que dice que no hay que hacerlo. Y sin embargo, ¿es posible en la empresa de hoy? ¿Puede alguien que quiere hacer carrera en una empresa o en una especialidad, dedicarse a más de una cosa? La respuesta es cada vez más, no. La intensidad del trabajo actual hace que quienes se comprometen con algo deban dedicarse solamente a eso, si quieren obtener resultados. Quien quiere hacer carrera en una empresa, quien quiere ser el mejor de su especialidad, debe trabajar arduamente para quizá lograr su objetivo. Porque el solo trabajo no asegura el éxito, aunque ayuda.

Entonces el hombre que llega a la empresa en las condiciones que hemos descrito, puede tener su tarea principal afuera o puede tener su tarea principal en la empresa. En este caso, debe saber que en algún momento la empresa le romperá los huevos de la canasta. Si no antes lo hará sin duda cuando llegue el momento de "acogerse a los beneficios de la jubilación". Además, quienes conocemos las empresas, sabemos que los golpes son periódicos y duros y que a más de uno le rompen los huevos de la canasta mucho antes de que llegue a acogerse a ese 'beneficio'.

Si uno debiera darle algún consejo a un joven que empieza, debería avisarle que corre riesgos importantes, en especial si pone su persona en el juego. Y como hemos visto, los hombres del siglo XX ponemos la persona en el juego y no hay razón para que los del siglo XXI no lo hagan como hasta ahora, sino más, porque seguramente los espacios serán menores y las exigencias de la empresa serán mayores. Y cuando la empresa golpea, a través de los múltiples artificios con que una persona es golpeada, es muy duro.

La alternativa a eso, es trabajar en el proyecto que se tiene en la empresa, pero sin involucrar los sentimientos. Uno va por la mañana, trabaja, si las cosas van bien, magnífico, sino, mala suerte. Si termina en un rincón o despedido, o le están haciendo un *squeeze* para dejarlo como feta de jamón, uno no se preocupa, no está involucrado, no le importa.

Obviamente esto es totalmente enfermo e imposible para quien está cada día en la lucha de su vida. Quien tiene puesta la canasta afuera, ese hará exactamente eso. No le importa al hacer su trabajo y luego se va a lo que le interesa realmente. Pero para todos los demás, eso es imposible.

La clave es tomar a la empresa como el cliente. Los profesionales liberales, sabemos que cada cliente tiene exigencias distintas y características distintas. Cada empresa pues, es diferente y tenemos que empezar por encontrar la empresa-cliente que más cerca esté de nuestra manera de ser y de sentir las cosas. Sin involucrarse demasiado hasta ese momento, se puede llegar por fin a una empresa donde la cultura de la empresa y nuestras creencias son próximas sino idénticas.

El siguiente paso es tratar los problemas de la empresa como externos a nosotros, porque lo son. Nuestra vida no es nuestro trabajo. Nuestro trabajo es una parte de nuestra vida, que está compuesta por cosas tales como la familia, la religión, los amigos, el matrimonio, el deporte o el juego o hobby en general, los intereses profesionales, el arte/la ciencia, la comunidad. No somos sólo un ente trabajador, como les ocurre a los japoneses y otros. Ese no es un ser humano, sino una parte de un ser humano.

Y eso no le conviene tampoco a empresas donde cada vez habrá menos gente y deberá por tanto estar mejor preparada técnica• mente, pero también como seres humanos, más personalizados, más amplios en su pensamiento. No en vano Inglaterra mantenía una organización mínima en la India y sus cabezas eran gente de la cultura, gente que comprendía muy poco de tornillos, pero mucho de relaciones y de personas. Tenemos que defender nuestra intimidad para poder ser personas. Si no nos convertimos en piezas de un meccano que maneja otro.

Esta es la única clave Involucrarse y tratar de llegar. Mantenerse y crecer. Pero sabiendo que esto es sólo una parte y que en algún momento algo cambiará y nos podrán joder. Y eso no debe ser, no puede ser el fin de nuestro mundo. Si puedes mantener tu calma en la borrasca cuando todos te acusan, eres tú el turbador, decía Kipling, y esta es la clave.

191

Esto no le conviene a algunas empresas que no ven las ventajas que suponen contar con hombres de ese tipo. No importa. La empresa fue y quedará o quebrará. Es sólo una sombra. El mundo no existirá mas el día que nos muramos. Y eso incluye a esa empresa. Nuestra vida es única. Hay que comprometerse para vivir, sino no vale la pena. Pero tampoco hay que dejar todos los huevos en una sola canasta o ser tan tonto que no creamos que lo que les ocurre a todos los demás, no nos va a ocurrir a nosotros.

Hagamos pues una búsqueda de la empresa que nos conviene y desarrollemos en ella un proyecto motivador para que nuestro trabajo sea divertido y así nuestra vida sea más estimulante y divertida. Divertirse es una finalidad que debemos tener siempre frente a nosotros, ya que sólo se divierten aquellos que son inteligentes y que han sabido y podido hacer un proyecto estimulante.

Después veremos que las cosas nos van bien, aunque con las dificultades que siempre ocurren. Cuando algún día nos toque estar en el otro lado de la moneda, nos irá bien en la medida en que hayamos sabido prevenirnos, en que hayamos sabido mantener nuestra persona en nosotros mismo y no como parte de la empresa, alienada a la empresa y en que no nos hayamos creído que la importancia que los demás nos daban tenía que ver básicamente con nosotros, ya que los demás le dan importancia al ocupante del puesto y sólo luego, quizá, al hombre que lo ocupa.

Quien se olvida de prevenirse en esos sentidos, cuando le llega el momento, sufre duramente la situación: algunos se suicidan, algunos mueren, algunos sufren graves crisis emocionales, todos quedan como esos boxeadores que golpeados fuertemente están parados en el medio del ring, sin terminar de caer y sin comprender lo que les pasa.

CAPITULO 17. UN PROCESO PREVISIBLE

Desde la primera vez que se consideró el tema de la motivación, estuvo siempre en juego la relación del hombre con su trabajo. Luego del tiempo del castigo corporal, se buscó la motivación por la necesidad de sobrevivir, por el monto de la paga o por ser considerado una persona distinta, un hombre de confianza. Pero Elton Mayo mostró que los hombres queremos ser reconocidos y cuando lo somos quedan en segunda andana las condiciones de trabajo.

Obedeciendo a una reacción que parece haberse hecho una costumbre, como no se estaba dispuesto a considerar realmente al hombre, se inventó un 'como si'. No voy a respetarte, pero voy a hacer como que te respeto; no voy a tenerte en cuenta pero voy a hacer como que te tengo en cuenta. Y así se inventaron el tuteo, la palmada en la espalda, el baño privado, la alfombra de distinto color según la jerarquía y otros trucos que trataban de hacer creer que se consideraba a ese hombre.

Cuando el tiempo deterioró este manejo, apareció Maslow, apareció Mc Gregor, Herzberg. Nuevamente se planteaba un tema de fondo. Las necesidades del hombre enfrentadas en última instancia al trato que recibía. Ya hemos hablado de las necesidades higiénicas y de los Apóstoles, su contracara. Pero por este camino se sigue hablando cada vez más de participación, de la necesidad de mejorar los puestos de trabajo, de que el hombre actuara como si la empresa fuera suya. Otra vez aparecía el 'como si'. Se reconocía que el hombre trabaja de una manera diferente cuando trabaja en su empresa. Y al igual que en la etapa de la escuela de relaciones humanas, se trataba de hacer que el hombre fuera reconocido 'como si' fuera propietario, pero sin serlo. Se ampliaba la delegación, se enriquecía el puesto, se analizaba la visión, pero no se le daba la propiedad.

Así aparecieron las *stock-options*, (opción de compra de acciones de la empresa) que se hicieron mal porque se plantearon como una mezcla de zanahoria y de cadena; eran un deseo, una zanahoria que había que conseguir y luego, una vez adjudicada se convertían también en una cadena, porque había que esperar y no irse, para no perderlas. Luego además se hicieron un negocio porque se jugó cada vez más con las diferencias que se lograban y más allá todavía el mismo grupo que las iba a recibir preparaba el terreno para mejorar la situación de la acción —que no es necesariamente el mismo que el de la empresa—. La acción no siempre sube por imperio de la situación de la empresa, sino por otras maniobras que ocurren en el mercado, además de dividiéndolas, dividiendo la empresa, etc. *Las stock-options* se dieron sólo en los niveles más altos, pero en más de una empresa se fue bajando hasta llegar en algún caso a todos los niveles.

Así, pues, aunque se reconoce que la cuestión de fondo es la propiedad de esa cosa en la que trabaja el empleado, las alternativas que se han planteado en el ámbito del capitalismo han sido selectivas y se han convertido más en zanahorias y cadenas que en verdaderas soluciones.

 Una alternativa a este proceso del problema de la motivación es llegar hasta el fondo de la cuestión. Cuando se habló de la escuela de relaciones humanas se hizo un 'como si' y aunque la participación forzó la apertura de la relación, el hombre siguió siendo un ser extraño a lo que hacía, un ser que gana para otro, con cosas de otro. Se achicaron los lugares de trabajo, se aplastaron las estructuras buscando una mayor independencia del proyecto, para que se acerque más al proyecto motivador de que hablamos, pero aunque el tema fuera importante, aunque fuera motivador, aunque deje tiempo de independencia suficiente, en última instancia no es cierto que es mío, en última instancia se lo tengo que dar a otro.

La alternativa verdadera es la propiedad de lo que uno hace. Por eso el cuentapropismo es tan fascinante. Por eso el cuentapropista trabaja mucho más que aquel que está en relación de dependencia, sin hacer cuestión por eso, sin cobrar horas extra, sin decir nada contra su jefe. Esto lo trataron los regímenes socialistas a través de las comunidades de Saint-Simon, de la propiedad del Estado comunista, de los proyectos de autogestión. Salvo alguna experiencia en este último capítulo, todas las demás fracasaron. Y las mejores quizá sean seguramente las cooperativas.

Pero la mejor alternativa que protege la libertad del hombre a ser sí mismo y que lo encuadra en un verdadero capitalismo es la alternativa de que todos sean propietarios de la empresa en la que trabajan.

Entonces la motivación podrá cubrir este quiebre que hoy sigue teniendo y que no permite redondearla, que la mantiene siempre en falla, porque siempre en última instancia estoy haciendo como si la cosa fuera mía, cuando en realidad es de otro. Y es otro el que queda como propietario, aunque me de una parte a través de sueldos o de gratificaciones. La única forma de corregir esta falla final de la motivación del hombre en el trabajo, es que la cosa sea de su propiedad. Y esto en el capitalismo es posible a través de las acciones. Este es un capitalismo donde la gente es libre y no un comunismo donde la gente está segura, pero, donde, como ya se ha demostrado, pierde la libertad. La vida es, por otra parte insegura, por naturaleza. La naturaleza es una muestra clara de inseguridad. Entonces si queremos tomar en cuenta a los que pierden, es decir a los desempleados momentáneos o estructurales, a los enfermos, a los accidentados, debemos hacerlo a través de nuestro mecanismo social, es decir el Estado, pagando los impuestos que correspondan para que haya un buen seguro de desempleo y enfermedad que no deje en la cuneta a los que pierden en nuestra sociedad. Porque si los dejamos en la cuneta estamos inaugurando una sociedad salvaje, donde los actos de los hombres serán cada vez más violentos.

Otro problema que se plantea es que para que la situación sea motivante y tenga sentido, el hombre debe vivir la realidad de que es propietario, no sólo en palabras sino en la tarea que realiza, es decir que esa tarea debe ser un proyecto motivante en las condiciones de que hablamos y debe ocurrir en un ámbito tal donde el hombre sienta claramente que su acción incide en algún tipo de resultado sino ocurriría como en los proyectos sociales donde ser el propietario era más palabrerío que realidad y por eso también parece más fácil de instrumentar en unidades de menos gente que en las muy grandes, donde la individualidad se pierde de todas maneras y entonces la acción se convierte en un sinsentido mas.

Otra cuestión muy fundamental es que esta no sea una manera de que el hombre haga dinero a través de la venta de la acción. La acción no es un negocio para hacer dinero, la acción debe ser una acción de pertenencia. Hay que buscar el mecanismo legal para que esa acción sea útil para ganar dividendos, pero no sea vendible, por lo menos durante un período largo, quizá diez años. Sino volvemos a recaer en las *stock-options*, en vez de lograr un sistema de propiedad. Esta debería ser la única limitación de la acción, que por lo demás debería tener los mismos derechos que los de cualquier acción ordinaria.

La acción que recibe el hombre por su trabajo no debe ser una forma de explotación encubierta, sino un premio a su tarea. Esto significa que debería ser un plus que recibe sobre una cierta remuneración que quizá deba situarse algo por debajo del promedio del mercado, para dejar espacio a una mejor participación.

Todo esto, es importante señalar, no modifica lo dicho anteriormente. Entregar acciones a los empleados, debe ser un cambio muy claramente explicitado. Primero hay que tender a una empresa que se plantee la relación con sus empleados en términos de proyectos motivantes y sólo después terminar el proyecto con acciones a los empleados. Pero por otra parte una comunicación clara del objetivo que se busca con la promesa de acciones, ayudará a que aumente la motivación y que se puedan ir mejorando los puestos y las tareas hacia proyectos más motivantes. Lo que no se puede hacer es dar las acciones sin otro proyecto respecto del trabajo en sí mismo, ni se debe dar sin una exhaustiva explicación, para que no ocurra lo que ocurrió con los proyectos de autogestión, donde más de uno se equivocó creyendo que el bien era un regalo con el que podía hacer lo que quisiera.

De todas maneras mientras no se cierre el círculo de este proceso de la relación hombre-empresa, la motivación del hombre estará en crisis y la efectividad de la empresa será menor

CONCLUSION

Cuando se termina de escribir un libro acerca de la teoría de las cosas y de la vida, se siente la necesidad casi imprescindible de cerrarlo con una Conclusión, que a la manera de la coda musical, reúna y sintetice la esencia en pocas palabras.

Quizá de esta manera se corre el peligro de que alguien lea esos pocos párrafos y tenga la sensación de que ya sabe de qué se trata y no es así, porque una conclusión, como la coda, no tiene los elementos que se han desarrollado, sino tan sólo unas gotas de esencia.

Pero aunque sean unas gotas el autor las necesita, porque, se dice, están escritas a lo largo de las páginas y esas páginas se han hecho breves para que resulten más claras, menos aburridas con anécdotas inútiles, con párrafos superfluos. ¿No ocurrirá, sin embargo, que por eso mismo, esas gotas no hayan sido dibujadas con claridad suficiente embretadas en medio de la síntesis?

Si hubiera sido bastante claro lo que se concluye, la conclusión es inútil y estos serían por fin los párrafos más superfluos del libro. Pero cuando se escribe un libro se sabe que a partir del momento en que uno le da el último acuerdo al editor, el libro pasa a ser un ente diferente y propio, intocable, que conversa con la gente sin pedir aclaración al que lo hizo y produce malos entendidos y tergiversaciones.

Por eso insistimos en que una Conclusión a estas páginas es necesaria, por lo menos para el autor y para el libro —no sé si para el lector— y esa Conclusión diría más o menos lo siguiente:

La relación en la empresa será siempre conflictiva y de esta base hay que partir si se quiere actuar con realismo. Aunque se ha considerado desde siempre que las personas estaban en sociedad —y en la empresa— por consenso, Marx rompió este concepto y aseguró que las personas están en sociedad por el conflicto que las une. En 1952 Dahrendorf dejó establecido que las personas están en sociedad por consenso, porque quieren, pero inmediatamente quedan en conflicto, porque existe eso que se describe como la asimetría, que hace que algunos tengan más que otros y esto en la organización se denota en la envidia de los de abajo y en los abusos del poder de los de arriba, lo que nos encierra a no poder pensar que alguna vez lleguemos al punto de conflicto cero y en cambio que lo que hacemos en una empresa, entre todos, es administrar el conflicto. Cuanto más bajo esté, mejor podremos vivir y trabajar. Esta es nuestra base de partida.

A partir de ahí debemos anotar en estas conclusiones que:

Nada de lo que se haga respecto del personal podrá tener éxito si no se engarza, por decisión o por casualidad con las características que se han señalado de las personas en general y de la mezcla única de esas características, en cada persona que conocemos; y nada podrá tener éxito si no se engarza por lo tanto en las necesidades que surgen de esas características, porque esa es la fuente de la que surgen sus motivaciones.

Las motivaciones son diferentes en tiempos, lugares y personas y esto no es una simple frase sino que es fundamental para quien deba tomar acción.

La situación actual del hombre hace que tenga necesidades de sus características personales que no pueden ser satisfechas por la empresa, aunque la empresa quisiera y esto debe ser tenido esencialmente en cuenta por la empresa y por el empleado.

Hace ya muchos años que se insiste en que el estudio no termina con la educación formal, sino que hay que seguir estudiando toda la vida. El estudio permanente facilita el crecimiento de las personas. El crecimiento de las personas facilita la mejora de la organización. Por esto hay que estimular el estudio y la mejora de las personas de la organización permanentemente.

Todo lo que se haga debe ser hecho con convicción, porque si se hace sin convicción —sea porque conviene como estrategia para cubrirse de futuros fracasos o porque es 'lo que se hace'—, no llevará convicción final al empleado, que encontrará la falla en otros actos que hará la misma persona, demostrando sus verdaderos sentimientos y demostrando que todo lo que decía por el otro lado no era cierto, que quería engañarlo y así el resultado es mucho peor.

El movimiento hacia una organización que se base en la confianza y en el crecimiento se bloquea permanentemente por el miedo a la reacción de los empleados cuando se les de mas espacio y por el miedo a perder el propio poder. Estos son los palos mayores en la rueda, no importa lo que se explique.

Cuando el cambio se hace sobre la base de un esquema planificado, seguramente fracasará. El cambio es parte de la vida cotidiana y todo intento de hacer cambios debe ser tan pragmático como la vida misma. El cambio, como toda estrategia debe partir de saber hacia dónde se quiere ir, tener planes de corto alcance y ser pragmático para aprovechar las oportunidades.

Las empresas pueden vivir mucho tiempo sin acercarse a un modelo de flexibilidad y personas responsables, pero corren riesgos que les hacen daño hoy, sin duda y pueden hacerles más daño mañana. Sin embargo, si no creen que deban cambiar, es preferible que se queden donde están, porque si no se harán más daño.

La definición de qué es lo que se debe hacer es estricta responsabilidad de cada gerente. Hoy las modas se han terminado y hemos entrado en un período de posmodernismo que espero que dure para siempre. Este período supone que no se solucionan ya los problemas adhiriéndose a la moda de turno, como una nueva forma de autoritarismo, sino que cada gerente es el responsable por gerenciar y esto implica que deberá estudiar, intercambiar con otros gerentes, contratar un consultor, pero que la decisión es suya y en cada caso diferente.

La motivación es la llave para conseguir resultados. No se puede esperar que las personas en la organización hoy sean Apóstoles, el arte es conseguir que trabajen con entusiasmo. Las claves para que las personas trabajen con entusiasmo están dadas más arriba. A cada gerente corresponde llegar hasta donde pueda en la construcción de las condiciones necesarias.

¡Buena suerte!